심구멍 숨구멍

심순영 수필집

문학공원 수필선 50

심구멍 숨구멍

심순영 수필집

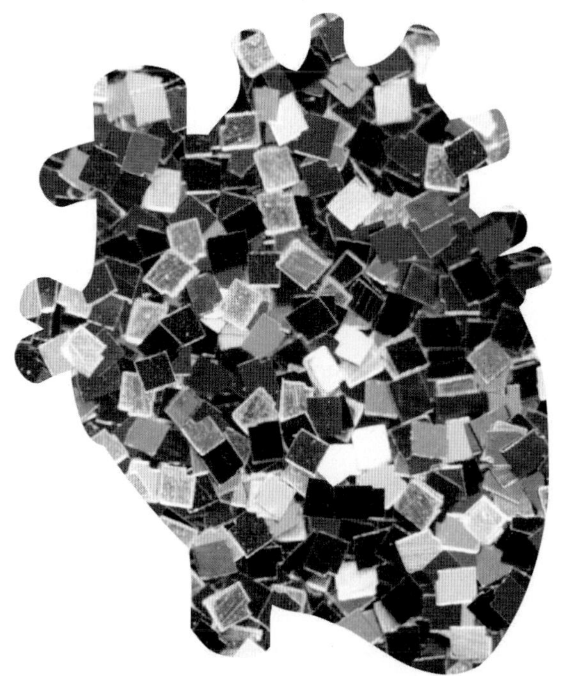

일상 속에서 웃음과 사랑을 찾아가는 수필!

세상이 갈수록 각박해지고 여유가 없어지는 생활 속에서
누군가를 웃게 하고 숨을 쉴 수 있는 틈새가 되어 줄 수 있다면
그것도 그리 나쁘지는 않으리라

문학공원

<수필집을 펴내며>

진솔하게 적어온 일기와 같은 글

어쭙잖은 나무 한 그루에서도 꽃이 피려면 햇빛과 물이 필요하고 나뭇잎을 흔들어주는 바람이 필요하듯이 저의 인생의 나무에서도 작은 꽃이 피기까지 햇빛과 물과 바람이 되어준 이야기들이 있습니다. 십 수 년 동안 글 쓰는 것을 좋아하다보니 그 글들이 제법 쌓여가기 시작했습니다.

오랜 시간 써온 짧은 글들을 모아 3년 전에 『감사로 물들인 인생 이야기』라는 산문집을 내었습니다. 책을 내고자 쓴 글이 아니고 동네 사랑방에서 이야기 하듯이 편하게 쓴 글들이라서 정식 출판을 하지 않고 지인들에게 감사의 마음으로 나누어드렸습니다.

저의 책을 받아본 분들이 감동받았다고 독후감을 보내주시고 많은 격려를 주셨습니다. 평소 책을 가까이 하지 않던 친구 남편은 난생 처음으로 끝까지 읽어본 책이었다면서 눈물이 핑 돌았다고 하고, 저를 잘 아는 한 후배는 저의 책만 읽으면 눈물이 난다고 고백해오기도 하였습니다. 그런가 하면 겉보기에는 야무지게 보이나 알고 보면 허당인 저를 두고 늘 '심구멍'이라고 놀리던 동료가 제 곁에만 오면 그렇게 웃음이 난다고 늘 말하고는 합니다. 눈물과 웃음은 본질은 같고 모양만 다른 동전의 양면 같은 것인지도 모릅니다.

평범한 일상 속에서 스쳐 지나가기에는 너무 아쉬운 감동받은 이야기와 학교이야기, 직장이야기, 가족이야기들을 눈물과 웃음으로 진솔하게 적어온 『감사로 물들인 인생이야기』를 재구성하고 보강하여 『심구멍 숨구멍』이란 이름으로 다시 세상에 내놓게 되었습니다. 어느 조용한 카페에서 커피 한 잔 마시면서 그냥 마음을 열고 저의 이야기에 귀를 기울여보시기 바랍니다. 빠른 변화를 요구하는 현대사회에 참 안식을 위한 아날로그 마음을 되찾는 것이 저의 바램입니다. 잘난 사람들한테 치이고, 눈이 핑핑 돌아가는 초고속 세상살이에서 어디 숨 쉴 곳이 없나 '숨구멍'을 찾고 계시다면 저의 평범한 스토리에 한 번 기대어보시기 바랍니다.

저의 이야기에 가능성이라는 긍정적 답을 주시고 출판을 도와주신 도서출판 문학공원의 김순진 발행인께 감사드립니다. 이야기의 근원이 되어주신 부모님과 가족에게 감사드리며, 코로나19바이러스의 확산으로 힘든 시간을 보내고 계신 분들에게 저의 글이 작은 위안이 되었으면 좋겠습니다.

2020년 가을의 초입에서

심 순 영

<추천의 글>

수서어린이들의 엄마 심순영 선생님

- 스승의 날 기념『우리들의 아름다운 이야기』중에서

박 민 숙(현재 서울서빙고초등학교 교사)

하루에도 많은 사람을 만나고 그들을 통해 행복하기도 하고 스트레스를 받기도 합니다. 행복한 사람을 만나면 나도 마음이 따스해지며 에너지가 내 몸에서 솟아남을 느낍니다. 내가 어렵고 힘들 때 같이 눈물 흘려주고 마음 아파해주는 사람이 있으면 그 슬픔은 반으로 줄어들지요. 내가 기쁠 때 진심으로 기뻐해주는 사람이 곁에 있으면 기쁨은 배가 된답니다. 우리 선생님들에게, 또 우리 수서 어린이들에게 많은 힘과 에너지와 따스한 사랑을 주시는 선생님이 계십니다. 보건실 심순영 선생님이십니다.

제가 수서초등학교에 온 지 벌써 2년이 지나 3년이 되어가고 있습니다. 유난히도 잘 아프고 사랑이 필요한 우리 수서아이들이 제일 좋아하는 곳이 보건실입니다. 아이들은 몸이 아파도 보건실을 찾지만 누군가 자기의 마음을 알아주고 따스함이 필요할 때 보건실을 찾습니다. 사랑이 필요해서 찾아온 아이들을 심순영 선생님께서는 가슴으로 안아주시고 같이 마음 아파하시고 엄마의 마음으로 보살펴주십니다.

어려운 아이에게 옷도 사주시며 따스한 사랑을 보여주십니다. 머리에 이가 있는데 가정에서 보살핌이 부족한 아이들은 머리에 약을 뿌려주신 후 손수 머리를 감겨서 헤어드라이기로 말려주십니다. 그리고 머릿니를 잡아주시고 하나하나 머리를 빗겨가며 서캐를 뽑는 선생님을 보며 전 마음이 뭉클하여 고개가 숙여졌습니다. 아이들을 진정으로 사랑하시는 선생님에게서 아이들은 따스한 삶의 에너지를 받으며 사랑을 배워 나갑니다.

한번은 우리 반 아이가 바지에 용변을 봐서 바지를 벗긴 후 씻겼는데 여벌옷이 없어서 난감해할 때 보건실에는 여벌의 내의와 바지가 있었습니다. 세심하게 아이들을 위해 필요한 물품을 준비해놓으시고 도와주시는 심순영 선생님을 그 아이도 무척 좋아한답니다. 얼마 전 심순영 선생님은 그 아이를 데리고 미용실에 가셔서 예쁘게 머리를 잘라주셨습니다. 그 아이의 멋진 모습에 친구들이 칭찬해주니 그 친구의 어깨가 으쓱해졌습니다. 그 친구는 자기 자신이 무척 사랑받고 있고 소중한 존재임을 깨달아가며 ADHD증상이 조금씩 치료되어가고 있음을 느낍니다.

늘 사랑이 배고파서 여기저기 기웃거리며 돌아다니는 아이들을 엄마의 품으로 안아주시고 그 아이들의 마음을 알아주시는 심순영 선생님을 저도 좋아하고 존경합니다. 제가 그 아이를 맡고 너무 힘들어서 눈물을 흘릴 때 용기를 주시고 힘을 주셨던 심순영 선생님! 지금도 제 마음이 힘들 때면 보건실을 찾아가 에너지를 얻고 온답니다. 은은한 향기를 내뿜는 허브나무처럼 우리의 가슴에 세로토닌 역할을 해주시는 심순영 선생님이 계셔서 우리 수서학교가 더욱 따스합니다.

사랑이 담긴 영화를 보면 감동의 눈물을 흘리기는 쉽지만 사랑을 실천하는 것은 참으로 어렵습니다. 아이들은 사랑을 가슴으로 느낍니다.

진정으로 염려해주고 보살펴주고 사랑해주는 마음을 알고부터 아이들은 변화되기 시작하며 다른 사람을 위해 사랑을 나누어주게 됩니다. 어려운 아이들을 보면 눈가에 눈물이 촉촉이 적시며 아이들을 안아주시는 그 사랑을 저도 배워나가렵니다. 항상 아이들을 따뜻하게 품어주시고 반겨주시는 심순영 선생님을 존경하고 사랑합니다. 또 선생님께 감사드립니다.

<추천의 글>

진실, 그 낱말의 의미를 확인하다

김 순 진(문학평론가 · 고려대 평생교육원 교수)

사람은 누구나 살면서 수없이 많은 사람을 만난다. 사람이 태어나면 제일 먼저 가족을 만나고, 유치원이나 학교에 들어가면 또래 친구들을 만난다. 그 학교에서 사회로 나오면 선후배가 되어 동문들을 만나고, 직장을 얻게 되면 직장 동료를 만난다. 한군데 오래 살게 되면 이웃을 만나고, 과일가게나 미용실, 식당 등의 상점 주인들과 친하게 돼 단골이 되기도 한다. 무엇을 배우기 위해 도전하다 보면 스승을 만나고 동료를 만나게 된다. 그런 사람들 사이는 쉼 없이 만남과 이별이 교차된다. 그 중에 특별히 서로에게 관심을 두게 된 사람은 친구가 되고, 형 동생 사이가 되며, 그냥 무덤덤하게 지나가는 사람은 잊혀진 사람이 된다.

나는 그동안 20여 년 동안 강단에서 강의해오면서 수많은 제자들을 가르쳐왔다. 대략 500여 명의 제자들을 배출한 것 같다. 게다가 <스토리문학>으로 등단해 문인이 된 사람이 500여 명 쯤 된다. 또한 나 스스로 쌓은 개인적 친분의 문인이 2,000여 명 쯤 되는 것 같다. 그런 많은 문인 중에도 특별히 관심이 가고, 정이 가는 분은 따로 있다. 바로 심순영 수필가 같은 분이다. 내가 심순영 선생님을 알게 된 것은 그리

오래지 않다. 그는 내 시집과 교재를 읽고 직접 사무실로 찾아오셨고, 이를 인연으로 금년에 <스토리문학>에 수필가로 등단하였고, 내가 강의하고 있는 고려대 평생교육원의 시창작과정에 등록하여 시공부를 하고 계신다.

그의 수필집을 편집하며 그의 내면세계를 접하고 나니 정말 오래 만난 사람처럼 정감이 간다. 나는 '심순영 수필가를 대표할 수 있는 말이 무엇이 있을까?', '무슨 말로 추천의 말을 써드릴까?'에 대하여 나는 며칠 동안 곰곰이 생각해보았다. 그런데 아무리 생각해봐도 '진실'이라는 말 외에는 더 소중하고 귀한 말이 없을 것 같다. 심순영 선생님은 매사에 있어 진실한 마음을 가지고 접근하는 분이기 때문이다.

나는 이 수필집을 크게 7부로 나누어 편집하였다. 그 중 1부는 '코끼리 가족'이란 제목으로 심순영 수필가가 초등학교 보건교사로 근무하면서 있었던 에피소드를 모아보았다. 그는 보건실에 근무하면서 어린 학생들의 신체적인 건강만을 돌보지 않는다. 그들이 마음건강까지 돌보면서 그들의 간호사이자 선생님이며 엄마가 된다. 소외된 가정의 아이들을 치료하는 것에서부터 씻기고, 머리를 깎이고, 속옷을 챙겨 입히면서 그는 아이들의 상처를 보듬어 심신이 모두 건강한 아이로 성장시키기를 바라는 것이다. 말하자면 그는 '건강한 진실'을 도모한다고 하겠다.

2부는 '나의 초상'이라는 제목으로 그의 삶과 생각을 들여다보고자 편집했다. 그가 무엇을 생각하며 무슨 책을 읽으며 어떤 삶을 살아가고 있는가를 들여다보면 그는 정말 모든 일에 있어 진심을 다해 접근하고 있음을 알 수 있다. 말하자면 그는 마음적으로 '우선 내가 진실한 마음으로 이 일에 접근하고 있는가?'라는 주문을 걸고 있을 것 같다. 그의 글 속에는 모두 하나 같이 '삶의 진실'이 묻어나온다.

3부는 '간호장교란 이름'으로 그가 국군간호사관학교를 졸업하고 군복무를 통하여 얻은 선후배들과의 소중한 정과 의리에 대한 이야기로 편집되었다. 여성의 신분으로 군대에 가겠다고 한 생각은 쉽지 않았을 것이다. 그런데 그가 국군간호사관학교를 지원한 것은 정말 잘한 결정이었다고 생각한다. 그런 소중한 군복무의 간호경험을 통하여 평생 초등학교 보건교사로 근무하고 정년퇴임을 하셨으니 얼마나 잘 한 결정인가. 그때 맺은 인연에 대한 이야기들을 '만남의 진실'이라는 이야기로 풀어가고 있다.

4부는 '엄마의 글씨'라는 제목으로 부모님과 형제에 관한 이야기로 채워져 있다. 그는 부모님에 대하여 형제에 대하여 정말 감사하게 생각한다. 그래서 그는 한시도 부모님의 감사함을 잊은 적이 없으며, 형제들을 순망치한(脣亡齒寒), 즉 잇몸으로 생각하면서 그들이 없으면 이가 시릴 것이라 생각한다. 말하자면 4부는 '뿌리의 진실'에 대한 이야기로 짜여있다고 하겠다.

5부는 '삼진 아웃과 쓰리런 홈런'으로 가족에 대한 이야기다. 남편에 대한 존경과 고마움, 아이들을 기르면서 일어난 크고 작은 일들을 통하여 가족, 즉 울타리의 소중함을 말하고 있다. 예로부터 우리 조상들은 가족의 소중함을 일깨워주었다. 가정이 화목해야 모두를 이룰 수 있다는 가화만사성(家和萬事成), 먼저 가정을 평안이 하고 나랏일을 도모하라는 수신제가치국평천하(修身齊家治國平天下) 등이 그것이었다. 심순영 작가는 가족들의 소중함을 발판으로 '울타리의 진실'을 도모하고 있다고 하겠다.

6부는 '평생감사'로 그의 기독교 신앙생활 이야기를 모아보았다. 그의 이러한 진실 속의 저 깊은 밑바탕에는 하나님을 믿고 맡기고 의지하는 독실한 크리스천 신앙이 깔려있다. 나는 '심순영 작가가 어떻게 그렇게 진실할 수 있을까?'에 대하여 속으로 궁금했는데, 이제 그의 밑바탕을 이루고 있는 하나님의 믿음을 접하고 나니 의문이 풀린다. 그는 하나님이 보기 좋아하는 일만 한다. 그래서 그는 기독교 신앙의 가장 중추적인 이슈, 즉 사랑을 전파하기에 충분한 따스한 가슴을 지녔고, 부지런한 손을 지녔으며 그윽한 눈을 지녔다. 그래서 그는 이 세상 모든 난관을 '사랑의 진실'로 타파하며 밀고 나간다.

7부는 '대전 발 0시 50분'이란 제목으로 구성된 그의 여행 이야기다. 사람은 여행을 통하여 성장한다. 여행을 통하여 집이나 가족에 대한 소중함을 알게 되고 여행을 통하여 친구나 동료에 대한 감사함을 깨닫게 되며 여행을 통하여 자연의 신비로움에 머리를 숙이고 인간은 나약한 존재에 지나지 않으며, 작고 하찮은 존재로서의 자신이 자연 속의 일원이 되어 살고 있음에 대하여 깨닫는다. 그는 여행을 통하여 자연적인 것, 그대로 두는 것은 방치가 아니라 보존이며 계승이라는 '자연의 진실'을 깨닫고 있다.

심순영 작가의 이 수필집 『심구멍 숨구멍』은 진실의 보고(寶庫)다. 인간관계로부터 자연관계에 이르기까지 먼저 내 마음을 여미고 내 옷깃을 여민 후 인연에 접근하는 진실적인 삶의 이야기들을 읽을 때 우리는 감동의 눈물짓고, 호방한 웃음을 지으며, 쓰라린 동병상련의 아픔을 맛보기도 한다. 그는 심(沈)씨다. 그래서 붙여진 제목이 「심구멍 숨구멍」이지만, 이 책을 통해 그 심(心)구멍을 들여다보면 비로소 삶의 숨구멍이 트인다. 갑갑했던, 무엇인가 짓눌렀던 가슴이 넓은 바다를 만난 듯, 산 정상 위에 선 듯 후련해지는 것이다. 오래오래 그와 함께 인생을 의논하며 살고 싶다. 이렇듯 아름답고 눈물 나는 수필집을 상재하심에 진심으로 축하드린다.

차례

1부
코끼리 가족

2부
나의 초상

차례

3부
간호장교라는 이름

4부
엄마의 글씨

차례

5부
삼진 아웃과 쓰리런 홈런

6부

평생감사

7부
대전 발 0시 50분

1부
코끼리 가족

초콜릿 한 개

추운 날 아침 초콜릿 한 개가 나를 감동시킨다.

8시 40분까지 출근인데 오늘따라 준비가 늦어져 42분경 도착하여 주차를 하는데 늘 보건실을 들락거리는 5학년 진희가 주차장에서 추위에 떨고 있다. 오늘 아침 서울의 기온은 영하 8.5도로 추운 날씨라 건물 밖에는 아이들이 한 명도 없는데……

"진희야, 추운데 너 왜 여기 서 있어?"라고 물으니 초콜릿 한 개를 건네며 "이거, 선생님 드리려고 기다렸어요."라고 말한다.

"이런, 고마울 데가……"

진희는 부모가 모두 집을 나가서 할머니도 아니고 증조할머니가 기르는 아이다. 중학생 오빠와 3식구가 정부의 보조로 살아가는 기초수급 가정의 아이인데, 이 아이에 대한 스토

리를 이야기하려면 소설 한 권 분량이 될 게다.

머리에 이가 있고, 옷을 잘 갈아입지 않아 냄새가 나는 아이다. 진희가 앉은 자리에 앉으면 하루 종일 재수가 없다고 생각하는 같은 반 또래들……. 밥을 받아서 편하게 먹지를 못해 화장실에 들고 가서 먹는 경우도 있었다. 한 번은 그 아이가 없어져서 온 학교를 찾아보니 화장실 문을 잠그고 잠이 들어버린 적도 있었다. 그런데 그 아이가 그래도 보건실에 오면 기를 편다. 진희 생각만 하면 눈물이 앞선다.

어제는 내가 학교를 옮긴다는 말을 들었는지 "보건 선생님을 보내는 교장선생님이 미워요."라고 한다. 기간이 지나면 당연히 이동해야하는 것인데 아마도 교장선생님이 보내는 줄로 아는 모양이다. 내가 이 학교 문을 나설 때 가장 눈에 밟히는 아이가 바로 진희다.

그러니 이 초콜릿이 목에서 넘어가겠는가!

정말 마음이 아프다.

난(蘭)을 선물로 받다

이 난 화분은 보건교사로서 처음 받아본 꽃 선물이다. 지위가 좀 될 만한 사람들이 이동하거나 승진을 하면 으레 꽃과 난 화분들을 보내서 어떤 교장선생님은 교장실 바닥에 하나 가득한 난을 치우지 못해 전체 교사들을 불러 하나씩 가져가라고 하기도 하고 그걸 자랑삼아 자기의 인맥과 발이 넓다는 것을 자랑하기도 한다.

하지만 승진도 없고 학교의 변방에서 의료서비스라는 개념으로 일하는 보건 선생님이 이동한다고 해서 어느 누구도 꽃을 보내거나 난을 보내는 경우는 거의 없다고 보아야한다.

요즘은 이것도 허례허식이라고 해서 제재를 하고 난이나 떡을 보내는 것을 은근히 막고 있기는 하다. 그런데 전혀 생각지도 않게 수서의 한 학부모가 사진 속의 화분을 보내주어서 고맙다는 전화를 했더니 이런 문자를 보내왔다.

"밴드를 풀어보면 보기 민망할 정도로 작은 상처였던 적이 많았습니다. 강빈이가 집에 와서 하는 말이 선생님께서 언제나 다정한 모습과 말씀으로 치료해주셨다 했습니다. 작은 상처에 붙은 밴드를 보면서 선생님에게 사랑이 느껴졌습니다. 지난 5년 동안 너무 감사했습니다. 아주 큰

사랑 받았습니다. 건강하시고 매일매일 행복하세요."

- 강빈 맘 드림

아이에게 하는 나의 일상적인 말과 행동이 고스란히 학부모에게 전해진다는 것에 한 번 놀라고 작은 밴드 하나에도 감동하는 이런 엄마가 있다는 것에 또 한 번 놀라면서 감동을 받았다.

이런 감동이 있기에 나의 감사 일기는 오늘도 계속되고 있다.

11살의 사랑

4학년에 진우라는 남자아이가 있다. 또래 아이들보다 키는 작으나 다부지게 생긴데다가, 태권도 검은 띠 소유자로 태권도 품새가 일품이다. 지난 월요일 아침, 그 아이가 보건실에 와서 속이 울렁거리고 불편하다고 하소연을 했다. 아침은 먹고 왔는지? 일요일에 집에서 무슨 음식을 먹었는지? 간단한 문진을 하고 특별한 것이 없어서 편안해질 때까지 일단 침대에 누워 있으라고 했더니 조금 후에 일어나서 교실로 가겠다고 하는 것이다. 의아하게 생각하며 보건실 문을 밀고 나가는 그 아이의 뒤를 바라보고 서 있는데, 진우가 다시 되돌아오더니 물어보지도 않은 말을 한다.

"근데 선생님, 오늘 짝을 바꿨는데요. 제가 진짜 좋아하는 애랑 짝이 됐거든요."

"아침에 학교 올 때는 괜찮았는데 짝을 바꾸고 나서부터 이상하게도 속이 울렁거려요."

"응 그랬구나."

화요일 오전에 진우랑 짝이라는 그 여자아이 채현이가 마침 눈병이 나서 보건실에 왔다. 간단하게 안약을 넣어주고 손 잘 씻고 눈에 손대지 말고 비비지 말라고 일러주고 보내려는데 보건실 문이 열리며 진우가 들어왔다. 아마도 문 밖에서 기다리고 있었나 보다. 채현이의 등을 살짝 두드리며 마치 안심하라는 듯이 예쁜 눈짓을 하며 데리고 간다. 두 아이의 마음에 흐르는 파동이 내 마음에도 전달되어 두근거린다.

이른 봄에 나무의 속잎이 연둣빛으로 피어나듯 여리고 예쁜 모습이 너무 사랑스럽다.

말의 힘

요즘 세상이 "도가니[1]"같이 하도 험악해서, 일몰 후에 아이들끼리 몰려다니면서 교내에서 노는 것을 못하게 하고 있다. 학교보안관이 교문을 지키고 못 들어가게 하니까 4학년 한 녀석이 실랑이를 하다가 60세 가까이 나이를 드신 보안관아저씨께 "맞짱 깔래요?"라고 했다는 것이다.

또 다른 녀석은 돌아서면서 들릴 듯 말 듯 'X새끼'라고 했다고도 한다. 다음날 보안관아저씨는 노발대발했다. 담임선생님은 그 아이들을 보안관아저씨한테 데리고 가서 사과를 하고, 내게 그 아이들을 30분가량 맡아달라고 했다. 담임선생님의 부탁대로 그 녀석들이 보건실로 왔다.

나는 일단 그 아이들에게 유튜브 동영상 한 편을 보여주었다. 지난 한글날 MBC 아나운서실에서 '말의 힘'이라는 주제로 한 달 간 실험을 한 동영상이다. 그 동영상에서는 유리병 2개를 준비하여 똑같이 밥을 넣고 한 개에는 계속 '사랑해' '고마워' '예뻐'라는 좋은 말을 해주고 다른 한 개에는 '짜증나', '미워', '싫어'라는 나쁜 말을 해주었다.

한 달이 지나 둘을 비교 관찰해보니 좋은 말을 들은 밥은 희고 뽀얀

1) 장애인학교에서 벌어진 끔찍한 성범죄영화

곰팡이가 피었고, 나쁜 말을 들은 밥은 시커멓고 썩은 곰팡이가 피어난 것이다.

나는 '말의 힘이 얼마나 대단한 것인가?'에 대해 깨닫게 해주고 싶었다. 그런 다음 '배려하는 말'과 '배설하는 말'을 구분하여 적었다. 배설하는 말을 받아 적어보니 듣기에도 민망한 온갖 욕설이 나온다. 아이들과 내가 얻은 결론은 배설하는 말을 삼가고 배려하는 말을 하는 것이었다. 아이들과 나는 서로 배려하는 말을 하기로 약속을 하면서 "미·용·감·사"하자고 했다. "미안해요, 용서해요, 감사해요, 사랑해요"란 말……. 이 얼마나 사랑스런 우리말인가!

그 아이 중 한 명이 며칠 후 치료를 하러 보건실에 왔기에 피드백으로 "윤성아, 요즘은 욕 안하지?"하고 물었다.

"요즘은 욕 안 해요. 책상에 '미 · 용 · 감 · 사'를 적어서 붙여놓고 화가 날 때마다 그걸 읽으니까 욕이 안 나와요."

윤성이의 대답이 내 마음을 환하게 한다.

"오오, 윤성이……."

그 마음이 얼마나 예쁜 지 엄청 칭찬해주고 돌려보냈다.

곱씹을수록 감사하고 사는 맛이 난다.

순한 얼굴

수서초등학교를 떠나면서 근 일주일에 걸쳐 짐정리를 하였다. 사람이 5년 이상 머물던 자리를 떠나 둥지를 새로 튼다는 것이 얼마나 고된 일인지 새삼 느끼며, 책상 서랍 속을 뒤지다보니 이런 캐릭터 한 장이 나온다.

언젠가 어린이날 즈음에 <책 잔치 한마당>이라는 학교행사를 하는데 일러스트들이 와서 아이들 얼굴을 캐리커처로 그려주는 코너에서 구경하다가 나도 내 얼굴을 그려보고 싶어 한 장 얻은 것이다.

내가 떠난다고 3학년 어느 반 아이들이 단체로 이별편지를 써서 가져왔는데, “마음이 순하시고 영리하신 보건선생님”이라는 글이 반복적으로 나오는 것을 보고 ‘이름이 순영이라서 그 선생님이 그렇게 소개했구나?’ 싶지만 내 이름의 원래 뜻도 그러하다. 이 그림을 보고 있자니 ‘영리한

지는 모르겠고 순하기는 하네.'라는 생각이 든다. 감사할 뿐이다. 20대 간호학교 졸업사진을 보다가 내가 내 얼굴을 보고 놀란 적도 있다. 사진이 얼마나 독하게 나왔는지 사진 속에 있는 내가 나를 노려보고 있는 듯했다.

나이 들수록 점점 자연의 한 모습으로 닮아가게 하시니 더욱 감사할 따름이다.

심구멍 숨구멍

선생님은 심구멍, 오랜 시간 나와 같이 근무한 동료가 나를 놀릴 때 부르는 말이다. 숨구멍을 심구멍으로 바꿔서 부르는 것인데 듣기에 이상할지 모르지만 그 뜻이 가상하여 참고 듣는다. 가끔씩 내가 도저히 상상이 안 되는 뻘짓을 하면 사방이 막혀있는 듯한 갑갑한 상황에서 확 웃음이 터지면서 기분이 좋아진다는 것이다. 전에 내가 읽은 책 중에 "너는 나를 숨 쉬게 해, 이것이야말로 인간이 다른 인간에게 해줄 수 있는 최고의 칭찬 중 하나입니다. 그런 관계야말로 좀체 변할 것 같지 않은 이 세상에 난 틈새들입니다."라는 글이 생각나서 나에 대한 심구멍의 뜻을 더 너그럽게 받아들이기로 했다.

내가 약간 모자란 사람처럼 말하거나 뜬금없는 행동을 할 때면 그녀는 배를 잡고 웃는다. 내가 규범적으로 보이는 선입견도 있고 말을 할 때 기승전결이 분명하며 조리 있게 말을 하기도 해서 매사에 실수가 없는 사람처럼 보이니 처음에는 정 붙이기가 어려워 가까이 하기가 부담스러웠다고 한다. 평소에 일하는 모습은 냉정한 간호장교 출신처럼 앞뒤가 분명하고 소신 있어 보여서 피도 눈물도 없어 보이는데 조금만 가슴 아픈 이야기가 나오면 말하는 사람보다 먼저 울어버리는 나를 몇 번

경험하고는 그녀는 나의 10년 지기 친구가 되었고 점점 나와 친해지게 되면서 서로 많은 이야기를 나누게 되었다. 나와 이야기를 하면 언제나 그녀는 무장해제가 된다면서 '선생님하고 있으면 울타리 낮은 집 마당에 주저앉아 두 다리 펴고 마냥 이야기하고 싶어지는 그런 사람하고 같이 있는 것 같아요' 라는 표현을 해주었다.

오래전에 내가 카톡을 처음 시작하면서 일단 카톡 문자를 보내놓고 내용이 맘에 들지 않는다고 내가 얼른 삭제를 했다. 그리고 카톡의 특성상 지금은 받는 사람이 읽지 않은 문자는 삭제가 된다. 내가 삭제를 하면 그 문자를 받은 사람도 읽지 못하는 줄 알고 아주 태연하게 있다가 그녀에게 내가 보낸 글 삭제를 하면 상대방이 못 읽는 거지? 하면서 그녀에게 물어보았더니 그녀는 또 깔깔대며 웃는다. 이런 나를 보고 또 그녀는 '선생님은 진짜 심구멍이어요.'라고 놀린다.

세상이 갈수록 각박해지고 여유가 없어지는 생활 속에서 누군가를 웃게 하고 숨을 쉴 수 있는 틈새가 되어 줄 수 있다면 그것도 그리 나쁘지는 않으리라.

동명초등학교에 부임하며

<수서>라는 이름의 초등학교에서 <동명>이라는 이름의 초등학교로 이동했다. 지리적으로 말한다면 서에서 동으로 갔으니 해가 지는 곳에서 해가 뜨는 곳으로 간 것이다. 그래서인지는 몰라도 학교의 분위기가 밝고 건강한 기운이 감도는 기분이 든다. 아이들이 강남아이들보다 순수하게 보이고 편안한 표정들을 하고 있어 일단 안심이다.

이 세상은 우리 눈에 보이지는 않지만 우주라는 공간에 창조의 그물로 촘촘히 짜여 있다고 한다. 세상을 바라보는 관찰자인 내가 그 대상을 어떻게 바라보느냐에 따라서 그 대상이 그런 관점으로 보인다는 관찰자효과에 의해 내가 새 학교의 기운이 밝다고 보고 있으니 모든 것이 분명 밝게 변하여지리라 믿어본다.

남편은 자기 이름이 '석명'인데 학교 이름이 '동명'이라고 자기 이름과 같은 항렬이라고 좋아한다. 동명초등학교에는 인조잔디구장이 있고 축구부가 있어 미래의 축구선수들이 길러지고 있다.

지난 수요일 남자교직원과 미래의 축구 꿈나무 어린 선수들과 축구시합을 하게 되었다. 남교사가 2명뿐이었던 지난 학교에서는 꿈도 꿀 수 없는 남자들의 밝은 기운을 팍팍 느끼면서 이 학교는 음양의 조화가 적절해서 참 좋다는 생각이 드는 것이었다.

올 1년 동안 이 밝은 기운을 듬뿍 받으면서 활기찬 한해를 보내고 싶다.

새 학교에서의 첫 감사일기 끝…….

감사일기 수업

7월 8일 금요일. 오늘은 6학년 보건수업 마지막 날이다. 정신건강이라는 단원을 공부하는데 스트레스를 이기는 법에 대한 내용이다. 그렇지 않아도 학교와 학원을 오가며 공부에 대한 압박과 스트레스에 시달리는 아이들인데 스트레스라는 말 자체를 하고 싶지 않아서 오늘의 주제를 "13살 OOO의 감사일기"로 쓰기로 했다.

일단 1학기동안 보건수업에 열심히 참여한 것에 대해 엄청 칭찬해주고 분위기를 업 시켜준 다음 『허그』라는 책의 저자인 '닉 부이치치'에 관한 동영상을 보여주었다. 1982년 호주에서 사지가 없이 태어난 그가 얼마나 활기차게 생활하고 행복해하는지, 그리고 닉이 정상적인 사람들에게 희망과 용기를 주는 것을 사명으로 알고 살아가는 모습을 보았다.

아이들이 잠잠히 생각에 잠길 때 한 10분 동안 감사일기 써 보라고 했더니 다양한 글들이 나온다. 그 중에 기억에 남는 표현들은 이러하다.

1. 홍준이의 감사일기

그 많은 생명이 있는 것 중에 인간으로 태어나게 해주셔서 감사합니다.

2. 진혁이의 감사일기

신체부위 중에 한 곳도 빠진 곳이 없이 태어난 것에 감사합니다.

3. 선영이의 감사일기

제가 힘들 때 고민을 털어놓을 수 있는 사회복지사를 주셔서 감사합니다.

4. 제진이의 감사일기

저에게 도전을 해서 불가능을 가능하게 하는 능력을 주셔서 감사합니다.

5. 채준이의 감사일기

김상순 선생님(5학년 담임선생님)이라는 또 다른 어머니를 만나게 해 주셔서 감사합니다.

6. 수정이의 감사일기

지구란 행성에 대한민국이라는 나라에 태어난 것을 감사드립니다.

7. 연주의 감사일기

세상을 딛고 설 수 있는 발과 자연의 소리를 들을 수 있는 귀를 주셔서 감사합니다. 그리고 보건 선생님이 1학기동안 열심히 보건수업을 해 주셔서 감사합니다.

보건선생님께 감사하다고 쓴 아이가 10명 이상 있었다. 그런 감사의 말을 듣고 싶고 그것 때문에 오늘 하루가 행복한 하루가 되기를 내심 기대하고 있었는지도 모른다. 아이들의 마음이라는 도화지에 아주 흐리게라도 내가 아닌 남을 향한 감사의 그림이 그려지기를 소망하며…….

보건실을 찾는 아이들

7월 16일 토요일, 조간신문 주말섹션 -Why?에 70년대 로큰롤 가수 한대수의 이야기가 실렸다. 22살 연하의 러시아 여자 옥사나와 재혼하여 4살 박이 딸을 두고 있는데 딸 이름이 '양호'다. 딸 이름을 양호라고 지은 이유가 참 재미있다.

"어릴 때 제일 좋은 데가 양호실이에요. 공부하기 싫으면 배 아픈 척 하고 양호실 갔잖아요. 하하. 그래서 딸 이름을 양호라고 지었지요."

지금도 우리 학교 보건실에 두 아이가 배가 아프다고 하며 침대에 누워있다. 저 아이들이 진짜 배가 아픈 것일까? 공부하기 싫어서 배 아픈 척 하는 것일까? 한대수는 1살 때 미국 유학 갔던 핵물리학자인 아버지가 brain-washing(추측임) 당하여 10년간 실종되고 어머니는 재혼하여 가버리고 할아버지 밑에서 자랐다고 한다. 그 마음의 상처와 외로움이 얼마나 깊었을까!

건강하게 자란 아이들은 양호실이 어디 있는지도 모르고 초등 6년을 보내는 것이 보통인 시절이었지 않은가. 얼마나 기댈 곳이 없으면 양호실에 갔던 기억을 살려 딸내미 이름까지 '양호'라고 했을까 돌이켜 생각하며, 지금 2011년 7월, 내가 맞이하고 있는 보건실을 찾는 아이들의 마음을 가만히 들여다본다.

나는 아이들이 쭈뼛쭈뼛 보건실 문을 열 때……. '왜? 무슨 일이야?', '어디 아파?', '왜 왔니?' 이런 질문보다 아무 이유도 묻지 않고 "어서 와……", "안녕?", "일단 들어와서 앉으렴……."하고 나 자신부터 웰컴할 수 있는 보건선생님이 되려고 노력하고 있다.

어느 누군가에게 기댈 언덕이 될 수 있는 보건실에서 일할 수 있음에 감사하는 아침이다.

건강교실

건강교실 아이들과 동아리 시간에 여러 가지 활동을 하는데 어제는 청계천으로 아이들을 데리고 봄나들이를 갔다. 청계천 징검다리를 건너고 꽃이 핀 나무마다 이름 맞추기를 했다. 명자나무, 조팝나무, 산수유, 찔레꽃, 벚나무 등 아이들이 나무 이름을 모르면 초성만 알려주고 먼저 맞추는 아이는 칭찬도 해주었다. 생각이 다르고 활동범위가 각기 다른 아이들은 사진 찍을 때 포즈도 14가지다.

그 속을 알 수 없는 어른들에 비해 아이들은 아무리 까불어도 사랑스

럽기 그지없다. 이 아이들이 마냥 예쁘고 사랑스럽게 느껴지는 마음을 주신 것에 감사한다.

우리 딸은 아이들하고 있으면 너무 말을 안 들어서 머리가 아프다고 호소한다. 오히려 어르신들하고 있으면 노인 분들이 사랑스럽다고 늘 노인복지에만 관심을 가지고 활동한다. 나는 노인보다는 아이들이 좋은데 아무리 생각해도 우리 딸내미는 별스럽다는 생각이 든다. 이 아이들과 1년간 1주일에 한 번 만나 정을 쌓아 가면 학교생활도 점점 즐거워지리라.

코끼리 가족

<건강한 가족 만들기>라는 보건수업시간에 건강한 가족에 대한 개념을 간단히 설명하고 천사점토를 가지고 가족 표현하기 작업을 하였다. 천사점토는 아가가 엄마 젖가슴을 만지는 것처럼 촉감이 아주 부드럽고 손에 붙지 않는다. 냄새도 나지 않아 한없이 주무르고 있어도 실증나지 않는 아주 좋은 점토라는 생각이다.

'점토로 건강한 가족을 표현해보라.'는 나의 주문에 많은 아이들이 장

난도 치고 뭘 만들까 고민을 하는데 5학년 남자아이 중에 영한이는 아주 쉽게 코끼리를 턱하고 만들어냈다.

발표를 시켰더니 영한이가 하는 말! “건강한 가족은 ‘코끼리’와 같다고 생각합니다. 왜냐하면, 코끼리는 가족이 다 같이 다니면서 살기 때문입니다.”라고 한다.

이 말을 듣는 순간 나는 가슴이 먹먹했다. 내가 아는 영한이는 엄마는 정신질환이 있어 병원에 입원 중이고 현재는 중국집을 하는 아빠하고만 살고 있기 때문이다. 다 같이 다니면서 산다는 말의 의미가 내 마음을 쿵하게 했다. 잘했다고 칭찬을 해주고 수업 마치기 전에 점토를 다시 주물러서 원래의 덩어리로 만들어놓고 가야 하는데 영한이의 코끼리는 원래의 점토덩어리로 뭉개버리는 것이 너무 아깝다는 생각이 들어서 영한이와 같이 보건실로 내려와 사진을 찍고 “정말 잘 표현했다, 진짜 훌륭하다”고 다시 한 번 폭풍 칭찬을 해서 영한이를 보냈다.

가족이라는 이름으로 다 같이 산다는 것이 영한이에게는 얼마나 절박한 것인가! 코끼리 사진을 보면서 오후 내내 마음이 무겁다 못해 아프기까지 하다.

핑퐁이야기

이틀 전에는 학교장과 학교에서 공익으로 근무하는 최 일병과의 탁구 단식경기가 있었다. 학교장이 최 일병에게 무참하게 영패를 당해서 약간 씁쓰레한 얼굴로 퇴장하고 난 후 최 일병은 "보건 선생님 제가 실수 했나 봐요. 한 게임 져주는 건데……."하면서 안달을 내길래,"괜찮아……. 게임은 게임이지 잘했어."하고 다독이면서 은근히 승자의 쾌감을 같이 즐겼다.

2학기 들어 분주하게 돌아가던 학교에 바쁜 일들이 마감되고 나서 11월 중순부터 방과 후에 우리 학교에서는 학년별 탁구대회가 진행되고 있는데 그 재미가 쏠쏠하다. 우선 6개 학년 팀과 유치원 서무실팀 도합 8개 팀이 팀별 대항으로 한 팀당 7게임을 치러서 4게임을 먼저 따는 팀이 우승을 하는데 나는 2학년 소속에서도 에이스급 선수라서(?) 여자단식, 여자복식, 남녀혼합복식 3게임에 나갈 수가 있다. 내가 선수라면 우리 학교 수준 알만하지? 횡성군 탁구 대표선수인 경숙이라면 아마 상대도 없을 텐데……. 우리 2학년은 예선, 준결승을 이기고 이제 결승전을 눈앞에 두고 있다. 1등은 상금 10만원, 2등은 상금이 7만원인데 우리는 상금 7만원은 확보한 셈이지. 어제 우리학년 준결승전이 있었는데 한 팀당 7게임을 해야 하니 잘 치는 사람의 경기보다 그저 넘기기만

해도 이기는 수준끼리의 경기가 더 웃기고 재미있어서 그야말로 각본 없는 코미디를 보는 듯 재미있다. 요즘은 복도에서 지나가다 만나면 그저 탁구얘기 뿐이다.

“오후에 연습 한 번 하시죠.” “언제 그렇게 탁구를 많이 치셨어요.” “잘 치시던데요.” 등 선생님들이 교과시간에 한 시간 짬이 나면 보건실 문을 열고 한 번 같이 쳐보자는 통에 나는 보건교사가 아니라 탁구트레이너가 된 느낌까지 든다. 탁구대가 놓인 곳이 바로 보건실 옆이다 보니 더 그러겠지만 교사들 건강 증진을 위해서 기꺼이 상대를 해주고는 한단다.

또 전화가 왔다. 탁구 한 번 치자고…….

보건실의 하루

우리가 학교 다니던 시절에는 보건실이 어디 붙어있는지도 몰랐는데 요즘 아이들에게는 거의 사랑방과 같은 수준으로 들락거리는 곳이 보건실이다. 시대적으로 볼 것이 많고 주위가 산만하다 보니 다치는 아이들도 부지기수 예전에 비해 덩치가 커진 아이들이 쉬는 시간에 복도에 우르르 나오면 예상치 못한 충돌이 안 일어나고 배기겠는가…….

한 5년 전에 한 번은 교실 복도에서 방향을 달리 보고 내닫던 애들끼리 충돌이 있었는데 한 아이가 복도 벽에 부딪쳤다가 떨어지는 통에 대퇴골절까지 일어나는 경우도 있었다. 교직원까지 합쳐 거의 1,400명이 넘는 사람들이 낮 시간의 절반을 보내다 보니 별의별 일들이 생기는 것은 당연지사다.

혈압이 치솟아서 응급실로 가는 교사, 갱년기 우울증으로 안절부절 못하다 안정제 맞으러 가는 여교사, 오랜 자취 생활로 몸이 부실해져서 신장이 망가진 교사, 암투병을 하느라 통증을 호소하는 교사 등 다 열거하자면 끝이 없다. 생로병사의 인생살이에서 생길 수 있는 모든 일들이 학교현장에서도 끊임없이 이어지고 있고 그 현장의 중심에 늘 보건실이 있다.

한 번은 만삭이 된 여교사가 진통이 시작된 것 같다고 내려와서 남편에게 전화를 하는데 아기가 둘째인데다 상태를 보아하니 곧 분만을 할 것 같아 급하게 아산병원으로 데려갔는데 1시간도 안되어서 아기를 낳은 경우도 있었다. 그래도 요즘은 119를 부르면 거의 10분 안에 도착하기 때문에 응급환자 이송하기가 수월해져서 그나마 다행이다.

어제도 6학년 남자아이들이 점심시간에 운동장에서 축구를 하다가 한 녀석 발에 차여 다른 녀석이 넘어졌는데 넘어지면서 머리에 충격이 있었는지 이빨이 아픈 거 외에는 큰 외상이 없는데도 녀석은 자기가 어떻게 다쳤는지 전혀 모른다는 것이었다. 물어보는 말마다 기억이 나지 않는다고 하여 사람을 놀라게 해서 보호자를 불러 치과로 내과로 병원 순례를 하였는데 오늘은 멀쩡히 학교에 왔다고 하여 안심을 하였다.

더운 날씨에 운동을 해서 탈수 증세와 함께 약간의 뇌압이 올라서라나? 아무튼지 보건실은 학교의 응급실 역할을 하다 보니 늘 노는 것 같이 보여도 밖에서 애들 우는 소리만 나도 가슴이 뛰는 곳이 바로 보건실이다. 일반교사보다 쉬워 보인다고 부러워하는 사람도 있다지만 보건실에 앉아있다 보면 나랏돈은 거저 받는 것이 아니라는 것을 등에서 식은땀이 날 때마다 느낀다.

세상에 너를 소리쳐
- 『빅뱅』을 읽고

올해부터 5,6학년 보건수업을 학급당 매주 한 시간씩 하고 있다. 예전처럼 하고 싶은 수업을 선택해서 하는 것이 아니고 교육과정에 의해 체계적으로 정상수업을 하니까 진짜 선생님이 된 기분으로 살고 있다. 우리 학교와 담장이 붙어있는 인문계고등학교가 있는데 매달 명언을 바꾸어서 교문에 내건다. 오며가며 출근길에 그 글을 보면서 내 마음에도 새겨보는 때가 많다.

지금은 이런 글이 걸려 있다.

"꿈이 있다면 절대 포기하지 마라. 네가 네 꿈을 포기하지 않으면 꿈도 너를 포기하지 않는다." - 빅뱅 -

이 얼마나 도전적인 글인가! 꿈도 너를 포기 하지 않는다는 말이 너무 멋있어서 당장 빅뱅의 책을 구해 읽기 시작했다. 이 책이 내가 수업하는 6학년 아이들의 마음을 이해하는데도 많은 도움이 될 듯 싶어서 읽기 시작했는데 오히려 내가 감동을 받았다.

"성실한 친구에게서는 착실함의 미덕을 배우고 날라리라고 손가락질

받는 친구에게서는 개성 넘치는 발랄함을 배운다."는 G-드래곤의 말과 태양이라는 아이가 한 자기와의 약속은 "좌절하기 없기, 포기하기 없기, 삐딱하게 생각하지 않기"다.

요즘 아이들답지 않은 겸손함과 성실함이 느껴져서 정말 마음에 든다. 성공의 뒤안길에는 항상 우리에게 남기는 진한 감동이 숨어 있다.

그 숨은그림찾기가 나는 너무 재미있다.

성우랑 밥먹기

성우는 우리 학교 6학년 남자아이다. 6살 때 아빠를 교통사고로 잃고 먹고 살기 힘든 성우 엄마는 딸 하나 아들 둘 세 아이를 성우 외갓집에 홀연히 남겨두고 다른 데로 시집을 가버렸다. 성우는 엄청 까불고 보건실에 와서 매일매일 치대는 아이다. 성우가 보건실에 와서 제일 먼저 하는 말은 "선생님! 열나는 것 같아요. 열 좀 재주세요."한다. 하지만 진짜 열이 난 적은 한 번도 없는 것 같다. 보건실에 들어오고 싶은데 할 말은 없고 멋쩍으니까 늘 열을 재러 왔다고 말한다는 것을 나중에야 알았다. 처음에는 귀찮게 생각하기도 했는데 아이의 배경을 알고부터 마음이 짠해져서 무조건 사랑해주기로 마음을 먹었다.

지난 토요일 스승의 날에 성우 포함해서 6학년 남자아이 세 명을 데리고 아웃백에 가서 점심을 먹기로 했는데 금요일 날 밤에 성우한테 문자가 왔다. 토요일에 엄마네 집에 가기로 해서 같이 밥을 같이 먹기 어렵다고 했다. 그럼 네가 편한 대로 하라고 답을 보냈는데 토요일에 출근해보니 성우가 일찍 학교에 와 있었다.

선생님과의 점심약속을 빠지기가 싫어서 엄마한테 가는 것을 포기한 성우를 생각하며 같이 밥을 먹는 내내 이 아이가 제발 잘 자라서 멋진 청년이 되어 주기를 수도 없이 기도했다.

호박죽 한 그릇

몸이 고단하고 육체적으로 움직일 일이 많으니 영혼의 샘에서 나오는 생각도 말라 할 말도 없어졌다. 방학 내내 학교를 들락거리며 애쓴 보람이 있어 이제 보건실이 아주 말끔하게 새 단장 되고 새롭게 오픈했다.

아이들이 빛나는 눈으로 여기저기 들여다보며 "아아, 우리 집보다 더 좋다."라고 탄성을 지르는 통에 마음이 뿌듯하고 기쁘다. 오늘에서야 보건실 인터넷이 연결되고 안정을 되찾아 글을 써본다. 지난 25일에는 방학 마지막을 보내면서 혼자 학교에 나와 보건실 물건들을 정리하고 저녁 6시가 넘어서 학교를 나왔다. 남편은 회식이라 늦고 아들놈은 친구와 모임이 있고 딸내미는 일본 여행 중이라 저녁 할 일도 없고 해서 집에 가는 길에 반찬가게에 들러 호박죽 한 그릇을 샀다. 저녁삼아 식은 호박죽 한 그릇을 천천히 비우고 늦은 밤 컴퓨터를 열어보았더니 회원이 가입된 어떤 사이트에서 내게 메일이 와 있었다.

"결혼기념일을 축하한다."는 메일이었다. 그러고 보니 25일이 결혼기념일이었다. 술을 한 잔 걸치고 늦게 귀가한 남편과 이런저런 이야기를 하며 50이 넘으니 이렇게 무심하게 아무런 감동이 없이도 살아가는구나 싶은 게 뜨악한 마음이 들었다. 내년에는 미리미리 계획해서 느긋하게 어디 여행이라도 다녀오자고 다짐을 하였다.

나의 소중한 제자 혜정이에게

혜정이는 옥정초등학교 4학년 때 보건실 청소당번을 하면서 처음 알게 된 친구다. 세 자매의 막내딸인 혜정이는 언니들이 있어서인지 유난히 패션 감각이 세련되고 붙임성이 좋아서 금방 친해질 수 있었다. 푹신한 침대가 있고 알코올 냄새가 밴 보건실은 큰 병이 아니어도 찾아올 수 있는 학교 안 작은 병원 같은 공간이어서 호기심 많은 초등생들에게는 색다른 공간이다. 그러나 선뜻 문을 열고 들어가기에는 왠지 낯선 공간이기에 청소당번을 하면서 보건실을 파악한 영리한 아이들에게는 학교생활의 또 다른 재미를 주는 곳이기도 한 것이다. 가끔씩 머리가 아프거나 배가 아프면 보건교사와 안면이 트인 아이들은 좀 더 자유롭게 이용할 수도 있고 교실에서 받는 긴장과 친구들 사이의 불편함을 풀기 위해 꾀병으로 잠간 쉬어갈 수도 있는 작은 쉼터 같은 역할을 하기도 한다. 보건교사는 그 꾀병을 귀여운 일탈로 생각하고 받아주는 것이다

혜정이는 안타깝게도 초등학교 졸업을 앞둔 6학년 때 소아당뇨가 발병되었다. 혜정이 어머니가 찾아와 혜정이 이야기를 하시는데 너무 마음이 아프고 혜정이가 졸업할 때까지 보건교사로서 도울 수 있는 것은 최선을 다해 돕겠다고 말씀드렸다. 혜정이는 혼자 자기관리를 잘해서 크게 도울 일은 없었지만 가끔 혈당을 재주고 저혈당 조짐이 보이면 미

리 준비해둔 과당쥬스를 먹이고 보건실을 편하게 이용하도록 배려해주었다.

인근 중학교에 들어간 혜정이는 낯선 환경에서 당뇨 관리하기가 힘이 든다고 가끔씩 나를 찾아와 하소연하고 돌아가고는 했다.

혜정이가 중2로 올라가던 해에 나도 전보발령을 받고 학교를 이동하면서 혜정이와 소식이 끊어졌다가 한 3년쯤 지난 후 스승의 날에 혜정이가 나를 찾아온 것이다. 잃었던 딸을 다시 만난 듯 너무 반갑고 애틋해서 한참을 끌어안아 주었다. 중학교를 끝까지 다니지 못하고 건강관리하면서 고입검정고시를 통과하여 고등학교 과정을 공부하고 있다고 하였다. 그 후로 해마다 스승의 날이면 어김없이 연락을 하고 나를 찾아오는 혜정이는 나의 유일한 제자인 것이다.

2014년 5월경 또 다른 학교로 이동해서 근무하고 있는데 혜정이가 찾아왔다. 혼자는 걸어 다니기가 너무 힘들어서 엄마의 부축을 받고 나를 찾아왔는데 8개월 전에 극적으로 어려운 수술인 췌장이식을 받고 통증과 설사에 시달려 바싹 마른 몸으로 스승이라고 나를 찾아와 주었다. 당시에 나도 딸아이가 자주 병원에 다니고 있어서 혜정이 어머니와 나는 아픈 자식을 둔 어미의 마음을 동병상련의 마음으로 서로 나누며 한참을 눈물로 위로하고 격려해 주었다. 아무것도 해준 것도 없는 나를 잊지 못해 스승이라고 그 아픈 몸으로 찾아와 주는 혜정이가 눈물겹게 고맙기만 하다.

22년간의 보건교사 생활을 정년퇴임하고 6개월 쉬다가 초등학교 돌봄 보안관으로 재취업을 하게 되었는데 내가 근무하는 학교가 혜정이가 다니는 병원과 지하철 한 정거장 거리로 거의 같은 동네라는 것을 알게 되었다. 올해 5월에 혜정이는 붉게 핀 작약 꽃다발을 들고 손수 차를 운전하여 찾아와 주었다. 대학원에서 미술교육학으로 석사과정을 마치고 문화예술학에 관한 박사학위과정을 공부하고 있는 혜정이는 이제 어엿한 성인이 되어 나를 찾아온 것이다. 얼마나 반가웠는지 한참을 안아주고 울컥하는 마음을 겨우 추슬러 이야기를 나누었다.

정규 학교과정을 다니지 못한 자기에게는 스승의 날에 찾아가보고 싶은 유일한 선생님이 보건선생님이라고 말하기에 담임이 없는 보건교사인 나에게도 혜정이가 유일한 제자라고 말해주었다. 마침 다음날이 아들 생일이라서 생일축하편지를 쓰면서 혜정에게도 편지로 나의 마음을 전달해 주었다.

혜정에게!

해마다 나를 기억해주고 잊지 않고 찾아주는 나의 제자 혜정이가 있어서 눈물겹게 고맙다.

정호승 시인은 「나는 희망을 거절한다」라는 시에서 "나는 희망이 없는 희망을 거절한다 / 희망에는 희망이 없다 / 희망은 기쁨보다 분노에 가깝다 / 나는 절망을 통하여 희망을 가졌을 뿐 / 희망을 통하여 희망을 가져본 적이 없다 / 나는 절망이 없는 희망을 거절한다(이하생략)"라고 마음에 울림이 있는 시를 썼다.

남이 모르는 절망과 고난의 길을 용케도 잘 인내하며 지금까지 의연하게 자신의 길을 뚜벅뚜벅 가고 있는 혜정이야말로 제대로 된 '희망'을 품고 있을 것이며 그 자격이 있는 사람인 것이다.

박사학위과정을 잘 마치고 어느 대학 강단에서 강의를 하고 있을 혜정이를 꿈꾸듯 상상하며 그려본다. 그날에는 혜정이가 늘 들고 오던 감사의 꽃다발을 이 보건선생님이 한 아름 사들고 찾아가보리라.

꼭 그날이 오기를 소망하며 너를 위해 기도하고 기도한다.

2020년 5월

- 그날을 선물 받고 싶은 선생님이 -

스승의 날 단상

애들마다 카네이션 한 송이씩 고사리 같은 손에 들고 교문 안으로 들어서는 아침 풍경이다. 문이 벌컥 열리며 보건실 청소하는 귀여운 5학년 남자아이들이 길쭉한 카네이션 한 송이 쑥스럽게 내밀더니 눈가루 스프레이를 내 머리에 뿌려댄다. 저희들끼리 용돈을 모아 샀다고 해서 감동을 먹었다. 스승의 날이 되면 선생들이 마치 선물이나 받으면서 물질의 노예가 된 양 떠들어대서 사회의 악을 조장하는 집단처럼 보이게 하고 교사의 권위가 땅에 떨어져 짓밟히고 있는 사회를 살지만 아직도 이런 순수하고 사랑스러운 아이들이 있기에 아직 학교는 사람 살 만한 곳이다.

내가 아는 어떤 30대 교사는 조그만 화장품 들고 온 제자의 선물을 못 받겠다고 했더니 그 자리에서 서서 하도 훌쩍거리고 울어서 마음이 찡하게 아팠노라고 했다. 애들을 보면 마음이 아프지만 그래도 선생님께 선물하면 반성문 3장을 써야 한다는 자기의 원칙을 깰 수 없다고 단호했다. 선물 주고 덥석 받으면 바로 교육청에 신고하는 학부형들이 있기에 교사들은 조심 또 조심하고 교육현장은 공직기강을 한 달 전부터 외쳐대며 살얼음판이다.

작년 간호학교 동기모임 때 대전의 아버지 집에 잠시 들렸다. 큰 항아리에 보랏빛 소국이 하도 소담스럽게 담겨있어 '웬 꽃이야?'하고 물으니 아버지의 옛날 제자가 사들고 온 거라면서 아주 자랑스러워하셨다.

그 옛날 중학교도 시험보고 들어가던 시절에 원하는 사람은 약간의 돈을 받고 방과 후에 담임교사가 입시과외를 시키던 때였다고 한다. 6학년을 맡은 아버지는 그때 집안형편이 너무 어려워서 과외를 받지 못하던 한 제자를 따로 불러 복도에 책걸상을 놓아두고 앉혀서는 가리방으로 밀어 인쇄한 시험지와 입시자료를 계속 제공해주었다고 한다. 돈 내고 공부시키는 다른 학부형들 눈치를 보면서……. 그 제자는 결국 좋은 중학교에 들어가서 지금은 독일에 사는데 일 년에 한 번 한국에 나오면 꼭 꽃을 한 다발 사들고 아버지를 몇 년째 찾아온다고 한다. 그 '정자'라는 이름의 제자도 머리가 다 세어버린 할머니인데 늘 하는 말이 "내년에도 선생님 찾아 뵐 테니 건강하게 살아 계세요."한단다. 상늙은이 선생님을 중늙은이 할머니 제자가 찾아와 손 붙들고 나누는 대화가 어찌나 정겨운지 우리 엄마는 "느이 아부지, 그 정자 때문에도 못 돌아가신다."하며 좋아하셨다.

은사님의 생명까지 붙들고 있는 한 제자의 평생을 통한 순수한 사랑의 모습을 보며 진정한 사도의 길이 무엇인지 다시금 생각해보는 아침이다.

외로운 가을날 감사

월요일 출근하여 늘 반복되는 업무와 관련한 공문 검색하고 일할 채비를 하는데 나보다 서너 살 연상이고 천상 초등교사이신 동료 선생님 문을 빼꼼히 열며 나를 부른다.

"왜 그러세요."

"일단 따라와 보셔……."

"누구 다쳤어요?"

"아니 그냥 와보라니까."

운동장 중간까지 나를 데리고 가더니 얼굴을 들고 하늘을 올려다보라고 하신다. 체육수업하다가 가을하늘이 너무 이뻐서 혼자보기 아까웠다고 하시면서……. 올려다 본 하늘은 구름 한 점 없는 쪽빛 하늘이다. 퐁당 잠기고 싶을 정도로 푸르고 맑은 하늘……. 운동장가에 둘이 서서 계속 하늘을 올려다보다 그분이 하신 말씀…….

"선생님, 난 우리나라에 태어난 것을 참 감사해……."하신다.

복음송 중에 "날 구원 하신 주 감사, 모든 것 주심 감사, 지난 추억 인해 감사, 주 내 곁에 계시네……. 향기로운 봄철에 감사, 외로운 가을날 감사, 사라진 눈물도 감사, 나의 영혼 평안해."라는 곡이 있다. 이 노래를 들으면서 외로운 가을날 무얼 감사하라는 거지? 했었는데…….

오늘 그 이유를 알 것 같다. 높고 푸른 하늘, 선선해지는 유쾌한 날씨, 넉넉해지는 마음, 외로워지는 마음조차 감사하다.

인디언들이 말을 타고 가다가 가끔씩 뒤를 돌아다본다고 한다. 그 이유는, 너무 빨리 달려서 자기의 영혼이 따라오지 못할까봐 염려하기 때문이라고 한다. 바쁜 세상살이에 떠밀려 자기 자신을 돌아볼 여유도 없이 사는 각박한 인생여정에서 외로운 가을날 지친 영혼도 달래보고, 쪽빛 하늘을 바라보며 심호흡도 해보자.

자연이 주는 감동에 반응하는 것이 감사의 첫 걸음일지니…….

교육활동 우수교원

7월에 시작한 감사일기가 어느덧 30회가 되었다.

한여름에 시작한 감사일기가 계절이 두 번 바뀌어 한겨울의 복판에 와 있다. 에너지 덩어리인 사람의 마음은 어떤 마음을 먹고 사느냐에 따라 그 사람의 삶의 모습이 달라진다는 것을 감사일기를 통해 이제 조금씩 알게 되는 것 같다. 개그콘서트의 <감사합니다> 코너를 흉내 내는 아이들이 감사합니다. 감사합니다. 가볍게 툭툭 던지는 그 말도 내 귀에는 노랫소리로 들리고 사랑스럽다.

오늘이 겨울방학식이다. 일단 여기에서 감사일기도 막을 내리고 잠시 숨을 고르고 싶다. 내년에는 어떤 변화들이 나를 기다리고 있을지 나도 한 발 물러서서 조용히 또 다른 삶의 그림을 그리기 위해 붓을 놓고 잠잠해지는 시간을 가져야겠다.

학교 내에 평교사들로 구성된 인사자문위원회에서 2011년 교육활동 우수교원으로 나를 추천하여 내일 강남교육청으로 교육장상을 받으러 간다. 크게 한 일도 없는데 보건실 문을 두드리는 사람들에게 따뜻한 미소로 대하고자 한 나의 조그만 마음 씀씀이가 그래도 사람들 마음에 전달된 것이 아닌가 하는 생각에 기꺼운 마음을 갖고 이 학교에서의 마침표를 조심스럽게 찍어본다. 모두에게 감사합니다.

정년퇴임사

이 나이가 되도록 살아보니 인생의 기쁨이 특별한데 있는 것이 아니고 평범한 일상 속에 있다는 생각이 듭니다. 이것을 알아채고 누리는 것이 행복이라고 생각합니다. 제가 동명에 근무하면서부터 매일매일 감사일기를 써오고 있는데 그 5권의 일기장을 다 열어보아도 특별한 것은 없었습니다만 평범한 일상 속에서 발견한 작지만 확실한 행복 소확행[2] 5가지 정도는 말씀드릴 수 있을 것 같습니다. 먼저 저의 60평생을 녹여서 『감사로 물들인 인생이야기』라는 한 권의 책을 낼 수 있어서 기쁘고 감사했습니다.

그 책에도 한 꼭지 나오는 내용인데 첫째는 목련이야기입니다.

1. 봄이 오면 아마도 성동구에서 제일 먼저 개화하는 목련꽃을 바로 보건실 창문 앞에서 볼 수 있는 동명초에 근무할 수 있어서 해마다 그 목련꽃이 피기를 기다리는 것이 참 행복하고 좋았습니다.

2. 학교운동장이 인조잔디에서 모래로 바뀌면서 무릎이 까진 아이들 상처를 셀 수도 없이 씻어주고 소독해주었지만 아이들이 마음껏 뛰노는

2) 소소하고 확실한 행복의 준말

시원하고 넓은 운동장이 있는 학교라서 운동장을 바라볼 때마다 행복했고 7년 반 동안 큰 사고 없이 지내온 것 진심으로 감사드립니다.

3. 독감이 유행할 때 저도 2번이나 독감에 걸려서 병가를 냈지만 그만큼 아이들과 가까이에서 함께 숨 쉬고 함께 지내온 시간들이 있어서 아이들을 좋아하는 저는 항상 좋았습니다.

4. 존댓말쓰기 운동으로 아이들이 욕을 하는 대신 게임 이야기를 하면서도 존댓말을 쓰고 싸우듯이 목청을 높여 말을 해도 가만히 들어보면 '준우님~~, 동현님~~'하면서 서로 존댓말을 쓰고 있는 것을 볼 때마다 아이들이 사랑스럽고 웃음이 나와서 혼자 웃고는 했습니다.

5. 끝으로 부모님고향이 저와 같은 황해도이고 이산가족의 아픔을 공유하고 계신 교장님이 계셔서 마음 편했습니다. 같은 학교 나온 동창생도 아닌데 저한테 항상 선배님이라고 불러주시는 교감님 계셔서 행복했습니다. 내가 만난 교무부장님 중에 가장 일 잘하시고 미인이신 이은영 부장님 저를 늘 언니처럼 대해주어서 감사했습니다. 우리 가족보다 더 많은 시간을 같은 식탁에서 식사하며 지내온 선생님들 모두 함께 일할 수 있어서 진심으로 감사드립니다. 영양선생님과 급식실 여사님들께 특별히 감사드립니다.

6. 제가 베푼 것은 정말 사소한 것인데 너무 큰사랑 받고 가서 또한 행복합니다. 좋은 일 궂은 일 있으실 때 불러주시면 언제든지 찾아뵙겠습니다. 감사합니다. 끝으로, 작은 보건교사모임에서 지난 19일 미리 퇴

임식을 해주었는데 제 이름으로 삼행시를 한 10개 적어 주었습니다.

그중 기억나는 것을 소개할게요. 제 이름 심순영을 한 자씩 소리쳐주세요.

심 : 심각하지 말아요 우리
순 : 순딩순딩 살아요 우리
영 : 영특한 순영언니처럼…….

심 : 심상정보다
순 : 순영이가
영 : 영특해 ~~^^ seems to be soon young

심 : 심금을 울리는 목소리
순 : 순수한 미소
영 : 영원한 우리대장님의 정년퇴임을 축하드려요

2부
나의 초상

1530운동

7월 4일, 월요일 아침이다. 아이들은 제각각 출근준비가 다른 날보다 조금 빨랐다. 부지런히 할 일을 찾아 집을 나가고 나는 새로 드라이클리닝을 한 수박색 블라우스에 흰색 카디건을 걸쳐 입고 걸어서 출근을 했다.

요즘 주변에서는 1530운동을 하라고 캠페인을 한다. 1주일에 5번 30분씩 운동을 하면 건강해진다는 것이 1530운동의 논리다. 그리 요란스럽게 하는 것은 아니어서 다들 관심이 없지만, 나는 오늘 실천을 했다. 차로 가면 7~8분 거리, 걸으면 35분 거리에 학교가 있어서 1530운동을 하기에는 안성맞춤이다.

운전할 때 보이지 않던 것들이 걸으니까 눈에 들어오기 시작한다. 어제 밤까지 퍼부어대던 지루한 장맛비가 그치고 나니 아침햇살이 너무 반갑고 감사하다. 스치는 바람이 선풍기를 쐬고 있는 듯 시원하고 나무들도 갓 목욕을 하고 나온 아이들처럼 생기가 돈다. 걸으면서 생각해보니 두 다리를 받치고 있는 근육들이 아직 건강하여 걸을 수 있다는 것이 얼마나 감사한지 모르겠다.

내 생각대로 다리를 조정하고 마구 부리는 것이 아니라 다리 스스로 기뻐서 걷고 있다는 자유로운 생각을 하니 걸음걸이가 한결 가볍고 힘이 들지 않는 것 같다. 이전에는 깨닫지 못했었는데 오감을 느끼면서 살아간다는 것이 얼마나 큰 축복인지 다시 한 번 깨닫는다.

『슈퍼맨 닥터 리』 책을 읽고

『기적은 당신 안에 있습니다』 라는 재활의학을 전공하는 의사 이승복의 책을 주말에 읽었다. 8살에 미국에 이민 가서 약사였던 아버지와 어머니가 미국에서 어렵게 노동자로 살아나온 이야기, 태극마크를 단 올림픽체조선수가 되고자 18살 때까지 죽도록 체조연습을 하며 체조선수의 꿈을 키우던 이야기, 어느 날 체조연습 도중 체육관 바닥에 아래 턱을 내리꽂으면서 C7~C8 척수를 다쳐 사지마비 장애인이 된 그의 눈물 나게 처절한 투병과 재활 이야기다.

다트머스 의대를 거쳐 하버드 의대에서 인턴을 수석으로 졸업하고 콜롬비아대에서 공중보건석사학위를 딴 후 존스홉킨스 의대에서 재활의학과 수석 전공의로 있는 에스비(SB-SUPER BOY) 이승복의 이야기는 한 인간의 존엄성과 가치가 얼마나 높게 승화 될 수 있는지를 보여준다. 책을 읽는 중간 중간에 눈물이 핑 돌게 되는 대목은 자기 아버지가 그토록 바랐던 의사의 길을 어기면서까지 체조에만 몰두하다가 사고를 당했을 때 아버지의 눈에 어리던 그 분노와 극한 슬픔에 몸 둘 바를 몰라 하는 아들의 모습과 그 아들이 휠체어를 탄 장애인이 되어 존스홉킨스 의대에서 인턴을 수석으로 마치는 모습을 보고 목석같은 아버지의 눈가에 어리던 진한 눈물이 우리의 심금을 울리게 한다.

이 책의 결론은 그는 꿈꾸는 젊은이라는 것이다.

언제나 비관적인 환경을 보지 않고 자기가 소망하는 꿈을 향해 나아가는 정신 그의 약동하는 피 속에 늘 잊지 않고 있는 한국인이라는 긍지와 자각 한국의 장남이라면 누구나 갖고 있는 신드롬, 부모에게 자랑스러운 아들이 되어야한다는 것과 동생들에게 훌륭한 형과 오빠가 되어야한다는 것이 그가 그의 꿈을 향해 가는데 바람과 같은 힘을 불어넣는 것을 보게 된다.

동일한 사고를 당한 척수장애 환자들에게 그는 살아있는 희망이며 꿈 그 자체이다. 책을 덮으며 드는 생각은 "인생은 꿈꾸는 자의 것이다." 우리 나이에도 무엇이 되고자 꿈을 꾼다면 못 이룰 것이 있겠는가!

자랑스러운 한국의 한 젊은이가 던져주는 강렬한 희망의 메시지가 나에게 꿈과 희망에 대해 다시 한 번 생각하게 하는 밝은 아침이다.

국선도

7월 6일 수요일, 2년 전부터 국선도라는 운동을 해오고 있다. 우리 선조들이 옛 부터 산에서 수련하던 수련법인데 심신을 평안으로 이끄는 운동이다. 온몸을 풀어주는 스트레칭 15분, 누워서 안정, 단전호흡 30분, 기혈순환운동하고 마무리를 한다. 이런 순서에 따라 음악에 맞추어 1시간 30분을 운동하고 나면 몸이 가벼워지고 편안해진다. 나는 지금 노란 띠를 매고 건곤단법을 하고 있다. 검은 띠 수련자들은 열손가락을 세우고 머리끝만 땅에 대고 10분 이상 물구나무를 서고 단전호흡을 하는데 이것이 나의 로망이다.

며칠 전 홍혜걸 의학전문기자의 TV특강을 보다가 새로운 사실을 알게 되었다. 노화와 만성피로를 이겨내는 4가지 제안을 듣고 많은 부분 공감이 가서 요약을 해보면 다음과 같다.

1. 마음가짐이 중요하다. 이완을 즐겨라, 욕심을 버려라. 매사에 5% 부족하게 하라.
2. 운동을 하라. 하루에 10분정도 고강도운동을 하라. 최대심박수에 70~80%까지 운동해야 한다. 고강도운동을 해주어야 사이토카인 6이라는 물질이 나와서 노화된 세포를 파괴 한다. 고강도운동을

하고나면 우리 몸은 사이토카인-10이라는 물질로 세포가 복구를 하게 된다.

3. 잘 먹어라. 하루에 붉은색 고기 100g을 먹어주라. VitaminB를 먹어라-근육이 강화된다.
4. 잠을 잘 자라. 12시 이전에 취침하고 아침기상 시각을 일정하게 하라. 숙면을 취한다. 휴식을 취할 때는 팍 쉬지 말고 30분 정도 서서히 워밍업을 하고 난 후 쉬어야 코티졸이 급격히 떨어지는 것을 막아준다. 코티졸이 급격히 떨어지면 염증이 생기게 된다.

이런 내용의 강의였는데 상당히 도움이 되는 내용들이었다.

국선도도 좋은 운동이지만 고강도 운동은 아니라서 땀이 흠뻑 나는 운동으로 탁구를 하기로 했다. 어제 처음 탁구를 배우러 갔는데, 땀을 많이 흘리고 샤워를 하니 잠도 잘 오고 활력이 생기는 것 같다. 편안한 운동과 활력을 주는 운동을 번갈아 할 수 있는 몸과 마음을 주셔서 무한감사! 내 몸을 조성하여 주시고 영혼을 불어넣어 주신 하나님과 부모님께 감사!

저녁시간 즐기기

어제 개학을 하고 모처럼 국선도 운동을 하러 갔다. 우리 부부는 아침에 출근하고 각자 퇴근하여 국선도 도장에서 도복을 입고 만난다. 그동안 노란 띠 건곤단법을 한 11개월 했는데 이제 붉은 띠 원기단법으로 승단을 하란다. 가부좌를 틀고 앉아서 아주 고요한 가운데 단전호흡을 하면 더운 기운이 배꼽 아래를 돈다.

기와 혈이 운행하는 것이 느껴질 때면, 만사 시름에서 놓여나며 편안하기가 이를 데 없다. 여러 번 건강에 적신호를 받은 남편이 아직 살아서 나와 함께 숨 쉬고 있는 그 자체도 감사하다. 때론 심하다 싶을 정도로 자기 건강을 챙기니 게으른 나에게는 이 또한 기쁘지 아니한가. 오후 7시에 운동을 마치고 근처 허름한 식당에서 조촐하게 된장국으로 저녁식사를 맛있게 하고 느긋하게 집으로 돌아오며 잘 사는 인생이란 무엇인가 생각해본다. 내게 다가오는 매 순간 순간을 내 분수에 맞게 화려하지는 않으나 무의미하지도 않은 심심한 된장국 같은 맛으로 살아가는 것이 아닌가 싶어지는 것이다.

때로는 격랑도 일겠지 그러나 미리 걱정할 필요는 없다. 그 격랑도 나 혼자 버티어내는 것은 아니니까 내가 걱정하는 일의 80%는 일어나지 않으며 20%의 근심된 일 중에 내가 할 수 있는 일은 그 중에 2~

3%에 불과하다는 말이 있는 것처럼 모든 일들이 그냥 두면 저절로 해결되는 일도 많다는 것을 이제는 조금씩 터득하고 있다. 최근 노자의 『도덕경』을 공부하고 있는 남편이 그것을 깨달아 가고 있으니 얼마나 감사한지 모르겠다. 그래서 사람은 죽을 때까지 배울 것이 있는 모양이다.

산야초효소

최근에 급속하게 친해진 박 선생님이 내가 알레르기성비염으로 오랫동안 고생하는 것을 보고 산야초 효소액을 가지고 와서 마셔보라고 몇 번을 권해서 마셔보았는데 맛이 좋았다. 3월에서 11월까지 우리나라 땅 어디에나 나는 산과 들을 덮고 있는 154가지의 풀들에서 뿌리, 줄기, 잎, 열매 등을 채취하여 잘 씻어 말린 후 동량의 설탕과 버무려 3개월 숙성시켜 건더기를 건져내고 2년간 발효시킨 효소액이라고 한다.

『현대인은 효소를 밥처럼 먹어야 한다』라는 책을 보니 효소가 하는 일이 일일이 열거하기 어려울 정도로 참 많기도 하다. 옛날에 비해 요즘은 먹을거리가 사람의 건강을 해치는 경우가 많아서 그렇다는 것이다. 너무 잘 먹는 것이 병이 되는 참 희한한 세상을 우리는 살고 있다. 효소액을 마시면 뒷맛에서 엽록소와 은은한 풀향기가 나는 것이 마음이 든다.

어제 저녁에도 코가 막혀 고생하다가 아침에 좀 나아져서 효소액을 마시는데 드는 생각은 이 효소액이 내 입에 들어가기까지 쪼그리고 앉아 한 잎 한 잎 독초를 피해 따서 모은 손길들, 발효시키기 위해 오랜 시간을 기다리며 정성을 다한 손길들과 일일이 포장하고 새지 않게 마개를 막아서 내 집에 오기까지 품을 판 모든 과정을 생각하니 너무 감사한 마음이 들었다. 그리고 이 세상의 모든 것을 지으신 주 하나님의 손길이 있지 아니한가!

사람들의 발에 밟히는 풀들에게도 생명력을 주셔서 인간에게 치유의 기능을 남겨놓으셨다는 것이 놀랍고 신기하게만 느껴지는 아침이다.

영화를 보며

친구 경숙이가 나의 어설픈 감사일기를 기다렸다는 말에 용기를 갖고 영화이야기를 해본다. 언젠가 본 여자핸드볼 국가대표 선수들의 실제 이야기를 그린 <우리 생애 최고의 순간> 일명 '우생순'이라는 영화를 보고 너무 감동을 받아서 그 후 스포츠를 그린 영화를 좋아하게 되었다.

2012년 1월 1일 새해 첫날 우리 집 근처에서 시댁 형제들과 점심을 먹고 16명의 대가족이 코엑스에서 <퍼펙트게임>이라는 영화를 보았다. 부산갈매기로 유명한 롯데 자이언트의 야구선수 최동원과 그의 최대 라이벌인 해태의 선동렬 선수와의 절대 물러설 수 없는 최고의 투수전 15회 연장 5시간의 게임 끝에 결국 2:2 무승부로 끝나는 치열한 경기를 최대한 증폭시켜 영화에서 녹여내고 있다. 사나이들의 거칠고도 섬세한 인간적인 모습들도 매력 있게 다가온다.

온 가족이 보기에 가장 적절한 선택이 아니었나 생각한다. 구정 다음 날 남편의 생일을 치르고 우리가족만 엄정화 주연의 <댄싱퀸>을 보았다. 대한민국 국민들이 무관심한 척 하면서도 가장 관심을 보이는 정치 이야기를 영화적 장치로 잘 버무려 황정민이라는 내가 제일 좋아하는 배우의 기막힌 연기가 볼만한 꽤 괜찮은 영화라고나 할까, 황정민이 자전거를 타고 유세하는 장면은 노무현 대통령이 살아 돌아온 듯 정말 비슷하게 그려진다. 가십거리로 싸구려 취급을 받는 아내의 별난 모습을 용기와 사랑으로 끌어안는 남편의 모습이 감동이다.

어제 당직이라 근무를 했는데 최근의 영화가 이야기 주제였다. 다들 안성기 주연의 <부러진 화살>이 보고 싶다고 난리들이다. 잘못 출제된 수학문제를 지적했다는 이유로 왕따를 당하는 대학교수의 석궁사건을 다룬 영화. 안성기가 법정에서 외치는 진실을 향한 외침이 감동으로 다가온다고 한다.

방학이 끝나기 전에 나는 아마도 어느 영화관에 앉아 이 영화를 보고 있으리라.

보자기에 담긴 이야기

보자기 한 장이 있어. 그 보자기에 그와 내가 이야기를 만들어 담아 가고 있지. 그 보자기를 펼칠 때마다 아주 부드러운 나비가 한 마리 날아오르고는 해. 오르간 소리에 맞추어 친구들과 춤을 추면서 즐거운 노래를 부르지. 그 노래는 그때나 지금이나 변함없이 보자기를 펼칠 때마다 울려 퍼져서 온 동네를 돌아다니며 보였다 안보였다 숨바꼭질하는 나비와 어울려 놀아.

보자기를 다시 펼치니까 이제는 더 높이 날아가고 싶은 새가 한 마리 날아오르네. 새장에 갇혀서 배고플 때 넣어주는 모이만 먹고 있기에 너무 갑갑해. 더 높이 더 멀리 날아가야겠다고 같은 꿈을 가진 친구와 날아가려고 해. 높이 날아가려면 바람이 필요했어. 그 바람을 그분이 보내주셨지. 그 바람의 도움으로 자유를 꿈꾸던 그 새는 다른 세상으로 날아갔는데 그곳은 크기가 다를 뿐 지킬 것이 더 많은 또 다른 새장이었어.

그 새장에 갇힌 것이 너무 갑갑해서 죽을 것만 같아서 나가려고 애썼지만, 그분이 참아야 한다고 다독여 주시고 참는 법을 알게 하셨지. 지금 생각해보니 그때 참을 수 있어서 얼마나 다행인지 휴……. 보자기를 펼치니 이제 그 보자기에 다채로운 그림이 그려지네.

새장을 나온 새가 여기저기 날아다니면서 세상의 온갖 것을 바라보고 경험해 푸른 바다의 깊이 모를 출렁임과 높은 산의 시원함도 느껴보고 친구들과 춤도 추고 노래도 부르지. 잎이 무성한 나무에도 앉아보고 벌레 먹은 나무에도 앉아보고 세상은 참으로 다양한 모습으로 살아간다는 것을 알게 되지.

여러 나무들이 자기에게 와서 노래 부르라고 손짓하지만 계속 거절을 하다가, 보기 좋은 한 나무를 만나 둥지를 틀게 되는데 그 나무는 뿌리와 줄기는 제법 튼튼하지만 잎은 무성하지 않아서 그늘이 그리 시원하지 않았어.

그 나무에 살면서 그 새는 계속 노래를 부르지. 노래를 부르면 그 나무의 잎새들이 같이 바람에 흔들리며 춤을 추어주길 바랐는데 그 나무는 그 노래 소리에 귀를 기울이지 않아서 그 새는 답답하고 슬펐어. 그러나 그분은 계속 말씀하셨지 서로 사랑하라, 순종하라, 대접받고자 하는 대로 남을 대접하라. 그 말씀에 순종하고자 무던히도 애쓰기는 했었지.

그 새가 어미 새가 될 때, 생명의 주권과 권능이 그분께 있다는 것을 철저히 알게 하시고 그 새의 두근거리는 가슴을 그분은 당신의 가슴에 안고 진정시켜 주셨지. 그분의 가슴이 얼마나 따뜻하고 감미로운지 그때 처음으로 알게 되었어.

편안함에 젖어 살고 있을 때 한 친구가 그 어미 새에게 물어보는 거야.

"너는 요즘 무슨 생각을 하며 살고 있니?"

"글쎄 나는 요즘 왜 사는 걸까?"

그때 그 어미 새는 또 다른 세상을 보기 위해 그 나무를 떠나보기로 결심해. 그 나무를 아주 떠나는 것은 아니고 자기가 잘 부르는 노래 소리에 귀를 기울여주는 곳에서 노래를 부르다가 저녁에는 다시 그 나무로 돌아오는 거야.

그 생각이 그분 마음에 드셨는지 그 새가 다른 세상으로 나아가는데 두 팔 벌려 응원하시고 보이지 않는 손길로 많은 도움을 주셨지. 그 새가 둥지를 튼 나무도 이제는 잎이 무성해지고 쉴 만한 나무가 되었어. 그래서 그 새는 낮에는 자기 둥지 밖에서 날아다니다 모이를 구해서 저녁에는 그 나무로 돌아와 함께 먹고 노래 부르고 서로 가려운 등짝도 쪼아주면서 그 나무의 그늘에서 쉼을 얻고 안식을 누리지.

이제 그분은 내 안에서 예전보다 더 많은 말씀을 하고 계셔. 그분을 아는 모든 존재들과 즐거움을 함께 나누고 함께 새 노래를 부르라고 재촉하시지. "네, 네." 대답을 하면서도 나는 지금 똑같은 노래만 부르고 있네.

이제와 다시 곰곰이 생각해보니 그 보자기는 그분의 옷자락이었어. 그분 옷자락의 한 부분을 붙들고 지금까지 매달려 있었던 거야. 그 옷자락을 놓지 않을 힘을 주신 것이 얼마나 감사한지 모르겠어. 그 보자기가 그분 옷자락이라는 것을 눈치 채게 해주신 것이 정말 감사해.

그분 옷자락의 향기가 내 몸에서 영원히 나기를 나는 원하고 있어. 아마도 가장 아름다운 나의 노래는 내가 천사들의 노래 소리에 따라 영원한 나라에 입성 할 때 부르게 될 것 같아. 그날을 소망 중에 기다리고 있어.

나의 초상

나는 매일 묵상하며 하루에 세 번씩 기도한다.

"내가 알거나 알지 못하는 부정적 이미지, 감정, 건강하지 못한 신념과 믿음, 파괴적인 세포기억, 그리고 그 문제의 증상 신체적 원인들을 드러내주시고 하나님의 빛, 생명, 사랑, 진리로 충만하게 하사 치유해주옵소서……. 또한 그 효과가 100배로 확대되게 하옵소서. 예수님의 이름으로 기도했습니다. 아멘."

이런 기도문을 매일 묵상하며 호흡을 가다듬고 하루 세 번씩 기도하고 있다. 특별히 어디 아파서가 아니라 내가 알지 못하는 내 몸의 60조 세포들을 사랑하는 마음으로 기도한다. 내가 내 몸을 너무 가혹하게 부려먹은 것을 미안해하면서 기도한다. 건강하지 못한 것들을 건강하게, 부정적인 이미지를 긍정적으로 바꾸어달라고 기도한다. 그리고 파괴적인 세포들이 있다면 나를 도와주는 세포들로 변화되기를 바라면서 기도한다.

스마트폰으로 처음 찍은 나의 자화상을 보니 얼굴이 약간 붉고 머리숱도 적어지고 눈꼬리도 쳐지고……. 예전보다 더 나이들은 모습이지만 나의 얼굴을 사랑하는 마음으로 살아가려 한다. 그리고 내게 남은 삶을 감사해야겠다.

까르페디엠

날씨가 계속 춥다가 반짝 훅 하고 더워지는 기온 때문에 움츠리고 있던 꽃들이 숨 막히게 피어나고 있어 모든 봄꽃을 동시다발로 볼 수 있다. 3월 하순부터 피어나는 매화, 목련, 개나리, 진달래, 동백, 살구꽃, 앵두꽃, 조팝나무, 벚꽃 그리고 우리 교회 테라스에는 영산홍까지 활짝 개화했다.

어제 다시 나가 본 청계천에는 백매화가 아직 지지 않고 있어 얼마나 반가운지, 매화꽃 아래로 무슨 대화를 하시는지 천천히 걸어가는 나이 지긋하게 드신 두 여인 그리고 청계천변에서 나물을 캐고 있는 나이 드신 부부의 모습이 평화롭다.

한 10년 후면 우리들이 현역에서 모두 은퇴하여 저리 태평하게 살아갈 거라 생각해본다. 10년 후에는 55세였던 2012년을 얼마나 그리워할 것인지 미루어 짐작해보니 지금 이 순간이 나에게 얼마나 애틋하고 소중한 시간인지 가슴으로 그 느낌이 확 다가온다.

"Now & here, 까르페디엠! 현재 이 순간을 즐겨라."

지금 내 옆에 있는 사람을 사랑하고 지금 내가 하고 있는 일을 즐기며 그 일에 최선을 다하는 후회 없는 하루가 되기를 기도한다.

대상포진

지금 나는 병가(病暇)로 집에서 쉬고 있다. 2주전 연수를 받고 몸이 고단하고 면역력이 떨어졌는지 대상포진에 걸리고 말았다. 좋은 병원에서 잘 치료 받고 이제는 상처가 아물어가고 있는데 말로 표현하기 힘든 내 몸통 깊은 어딘가에서 가끔씩 묵직한 통증이 올라오고는 있다. 수두 바이러스가 척추에 숨어 있다가 면역이 떨어지면 주인을 공격한다고 하는데 이 나쁜 놈이 수포를 이렇게 심하게 만들어낼 줄 몰랐다. 상상을 초월한다.

나의 직장생활 15년 만에 처음 병가라는 것을 내고 병원 다녀오는 길에 무수히 떨어진 낙엽을 밟으며 많은 생각을 하게 되었다. 지금 내가 하고 있는 일들이 내 체력에 비해 양이 많다는 것과 지금 내가 참견하는 일들이 내 분수에 넘치고 있다는 것과 내가 하지 않아도 될 것들은 과감히 관심을 두지 말자는 것과 내 마음 속에서 정리해야 할 감정들은 이제 가만히 내려놓고 떠나보내자는 것이다.

부모님이 평생 가지고 계셨던 한(恨), 성장과정에서 받았던 아픔들, 자녀를 키우면서 놀랐던 마음들 그리고 고민하지 않아도 되는 주변 가족들의 문제들을 오지랖 넓게 끌어안고 있지 말고 이제는 나비가 허물을 벗고 하늘로 날아오르듯이 훌훌 벗어버리고 가볍게 살아보자는 것이다.

한주간의 쉼을 통해 내 몸과 마음도 큰 한숨 한 번 내쉬고 있다.

스마트폰 유저

스마트폰 유저! 구정에 시댁 내려가서 스마트폰에 필이 꽂혀 서울 오자마자 갤럭시 LTE를 구입했다. 학교식구가 바로 카톡으로 "스마트폰 유저가 되신 것을 추카추카"라고 날려 보내줬다. 사실 나는 문자나 전화를 많이 쓰지 않으니 별 소용이 없다고 생각해서 관심도 없었다.

그런데 구정 때 시댁에서 가족예배를 드리는데, 우리 딸내미가 스마트폰으로 찬송가를 찾아서 틀어놓고 그 음악을 반주삼아 찬송을 부르는 것을 보고 나서야 '야, 이거다' 싶었다. 스티브잡스가 아이폰을 얼마나 잘 만들었으면 전 지구촌의 모든 젊은이들이 그토록 열광하겠나 싶기도 했다. 아이폰은 다루기가 어렵다는 말을 듣고 갤럭시를 택했다. 시댁 조카들이 모두 스마트폰을 하나씩 들고 저마다 게임과 검색에 열중하는 것이 과연 가족들이 명절에 모인 목적에 맞는 것인가에 대한 회의도 들지만 시대의 흐름이니 막을 재간이 없다.

그렇다고 그 흐름에 역행한다면 유저가 아니라 루저가 되는 어려운 세상에 살고 있으니 내가 할 수 있는 만큼만 따라가 볼 요량이다. 아직도 카톡 대신 문자를 사용하여 딸내미에게 "스마트폰을 애용해주세요." 라는 핀잔을 듣기도 하지만 이제부터 열심히 배워서 스마트폰의 종이 아니라 스마트폰을 나의 종으로 만들어보리라 생각하고 있다.

나태주 시인의 특강을 듣고

7월 4일 토요일 오후 보람무지개 작은 도서관 특강으로 '시를 통해 헤아리는 삶의 지혜'라는 제목의 나태주 시인 특별강연이 교회에서 있었다. 지루한 장마가 오기 전이라 칠월의 서울 하늘은 맑고 청명했다. 우리 부부는 영광스럽게도 나태주 시인을 수서역에서 교회로 모시고 오는 특별미션을 받고 집에서부터 나태주 시인의 유명한 시 중에 「풀꽃 1,2,3」과 행복을 적어서 외우고 시인을 맞이할 마음의 준비를 하였다. 수서역 플랫폼에서 나태주 시인을 만나 교회로 오는 길에 초면인데도 어색하지 않고 유쾌한 대화를 나누면서 오게 되었다. 서로 명함을 주고 받고 대화를 나누다보니 나 시인이 김 장로의 고향 서천의 10년 선배라는 놀라운 사실도 알게 되었다.

"선생님의 시 중에 「행복」이라는 시를 모임에서 자주 외우고는 합니다."

"아! 그래요?"

"선생님, 저는 선생님 시 중에 「기쁨」이라는 시가 좋더라고요."

"아! 그래요? 그건 좀 수준이 있는 시인데, 그런데 서울하늘 참 맑으네요. 저 파란하늘에 구름 좀 보세요."

우리 부부가 시 이야기를 꺼낼 때마다 나 시인은 하늘만 바라다보면서 좋아하셨다.

교회에 들어서니 「풀꽃」이라는 시에 곡을 붙인 노래가 계속 흘러나와 기분 좋게 시인을 맞이하였다. 도서관 관장님의 시인소개와 목사님의 인사말 중에 "저는 '예수님이 시인이다.'라고 생각해요 그래서 일 년에 꼭 한 번은 시인을 모시는 자리를 만듭니다."

강연이 시작되자마자 나 시인은 정색을 하시면서 "목사님! 그런 말씀 함부로 하지마세요. '예수님이 시인이다'라고 하셨는데 말씀을 그렇게 막 하지 마십시오. 제 곁에서 그렇게 좋은 말을 하면 제가 그 말을 훔쳐다 시로 쓸 것입니다." 라고 하셔서 긴장이 풀리면서 웃음이 터져 나왔다. 그래서 나 시인의 「시」라는 제목의 시가 이해되었다.

"그냥 줍는 것이다 // 길거리나 사람들 사이에 / 버려진 채 빛나는 / 마음의 보석들."

작은 풀꽃에서도 시가 나오고 사람들의 한마디 말도 놓치지 않고 시어를 발견해내는 대시인의 풍모를 새삼 느끼면서 유쾌한 강연은 계속 이어졌다.

「풀꽃」이라는 시의 예를 드시면서 "자세히 보아야 / 예쁘다 // 오래 보아야 / 사랑스럽다 // 너도 그렇다." 이 시에서 가장 중요한 핵심은 마지막 연의 '너도 그렇다'라는 것이다. 시인의 시선이 내가 아닌 남을 향하여 있고 위로와 어루만짐이 있기에 사람들이 애송하면서 좋아하는 것이 아닌가 생각한다고 하셨다. 시인은 늘 겸손해야하며 주변의 모든 사람들에 대해 겸허히 귀를 기울이고 살가운 관심의 눈을 주어야 하고 너의 고통과 슬픔, 실패, 불행, 고난과 함께 해야만 한다고 강조하셨다.

예수님도 우리를 향해서 늘 그런 마음으로 “너도 그렇다.”라고 하신다는 것이다. 진정으로 공감이 되는 말씀이었다. 진지하면서도 유쾌한 강의가 지루할 틈이 없이 지나가고 강연 후에는 한 명도 소홀함이 없이 정성껏 사인을 해주느라 기차시간에 쫓겨 차 한 잔 마실 틈이 없었다. 가시면서 드시라고 간식을 싸서 드리고 수서역에 무사히 모셔다 드렸다. 유명해진 후에도 늘 낮은 자세로 독자들과 함께 하시는 모습이 오래도록 기억에 남을 것 같다.

11월을 보내며

11월이 시작된 것이 엊그제인 듯한 데 벌써 11월 마지막 고개를 넘어가고 있다. 가을과 겨울이 교차되면서 사람들 가슴에 쓸쓸함만 가득 남기고 훌쩍 가버리는 달이 11월이다. 큰 교회를 다니다가 개척교회로 옮기면서 교회 일에 분주하게 참여하다보니 요즘은 동기모임에 얼굴 내밀기가 어려워 늘 미안한 마음이다. 교회에서의 일들도 "내가 없으면 안 돼"하는 과민한 책임감에서 자유로워질 순간이 곧 오리라 생각해본다.

대학으로 직장을 옮긴 남편도 자리를 잡아가고 내가 근무하는 학교업무도 수월해지고 나니 마음 속 깊은 곳에서 새로운 것에 대한 갈망이 또 새롭게 꿈틀꿈틀 일어서기 시작한다. 60세가 넘고 80세를 바라보는 20여 년 동안 진정 어떤 것에 몰입하여 살고 싶은지 나 자신에게 묻고 또 묻는다. 아직 답은 없지만 어렴풋이 이런 상상을 해본다.

"나무가 우거진 청량한 산속……. 촉촉이 젖은 산길을 걸으면서 그 나무향기와 흙냄새에 취해 마음껏 웃고 호흡하고 마음에 맞는 좋은사람들과 식사하고 자연이 주는 선물들을 만끽하며 보내고 싶다는 생각"을 한다. 너무 과한 욕심은 아닐 것이다. 지금도 내 주변에는 감사할 것들이 헤아릴 수 없이 많지만 자연이 주는 그 무한한 아름다움과 신비로운 변화에 견줄 수 있는 것은 없다는 생각이다. 자연에 순응하며 자연이 주는 무조건적인 혜택을 마음껏 누리면서 노년을 보내고 싶다는 것은 누구나 한 번쯤 꿈꾸는 일이기도 하지만 어떻게 그런 꿈을 실현할지가 현실적인 문제다.

많은 생각 끝에 내년에는 '숲해설가' 전문과정을 밟아볼까 하는 꿈을 가지고 있다. 가을학기에는 추워지는 계절이라 망설였고 내년 봄학기에 용기를 내서 도전해보고자 한다! 용기는 부정적인 생각을 긍정적인 생각으로 전환하는 터닝포인트라고 한다.

내 마음에 이런 용기가 생기고 있음에 감사하며…….

북악성곽길

이번 현충일에는 학교에서 잘 아는 지인들과 북악성곽 길을 걸었다.

09:00시 정각에 문을 열어주며 일일이 주민등록증과 신청서를 확인하고야 들어갈 수 있었다. 청와대 바로 뒷산까지 침투한 1.21사태의 흔적이 남아있는 곳이기도 하다.

나무에 그려져 있는 동그라미는 그 당시 15발의 총을 맞은 1.21사태 소나무다. 창의문에서 출발하여 삼청공원으로 내려오는 짧은 코스였지만 멋진 소나무가 많고 서울의 전경을 바라볼 수 있는 호사도 누릴 수 있어서 좋았다. 숙정문은 서울의 북대문으로 사대문 중에 유일하게 산속에 있어서 잘 알려져 있지 않다.

무학대사가 지금 내가 근무하는 왕십리에 도읍지를 정하려고 하다가 한 노인이 나타나서 십리를 더 가서 도읍지를 정하라는 말에 십리를 더 가서 정한 곳이 경복궁이다. 경복궁 정수리 부근 촛대바위에서 광화문을 내려다보니 서울의 중심부가 한 눈에 들어온다. 500년 도읍지의 유적과 현대적 건물이 공존하는 서울은 그래서 새삼 가치 있는 도시이다.

아직은 건강한 두 다리가 있어 이렇게 돌아다닐 수 있으니, 이 또한 기쁘지 아니한가!

부암동 나들이

우리가 이 바쁜 서울살이를 하면서 내 이익과는 전혀 무관하게 온전히 다른 사람을 위해 시간과 돈과 마음을 쓴다는 것. 정말 쉽지 않은 선택이며 그 자체가 복을 짓는 일이고 마음으로 보시를 하는 것이라고 생각한다.

지난 토요일에는 잘 아는 지인과 부암동 '아트포라이프'라는 이태리 음식점으로 나들이를 갔다. 그분이 이태리 밀라노에서 성악공부를 위해 10년간 유학을 하셨다고 해서 내가 잔머리를 굴려 찾아간 곳이다. 이태리음식을 열심히 주문을 하고 잘 구운 빵과 약간 시큼하면서도 칼칼한 리조또와 파스타를 먹었다. 음식점주인에게 그분이 이태리에서 좋아했

었다는 음악도 신청해서 듣고 오고 가는 길에 청와대 앞길도 지나고 벚꽃이 만개한 봄기운을 흠뻑 느끼면서 북악산을 넘어 드라이브를 했다.

"오늘 하늘에서 특별보너스를 받은 기분이네요."

"맛난 점심과 멋진 드라이브 감사해요. 올봄 첫 꽃구경을 함께 해서 즐거웠어요."

그날 밤 그분에게 이런 문자를 받고 내 마음도 훈훈하게 봄기운에 젖어 들었다.

오해하지 마세요. 그분은 요즘, 삶이 고단하여 힘들어하는 한 여성입니다.

문경새재

올여름에는 서울경기 지역에 50일이나 이어지는 역대 가장 긴 장마철을 지나고 있다.

지난 22일부터 떠나자고 했던 휴가를 장대비에 눌려 주춤주춤 하다가 25일에야 떠났다. 멀리 가기에는 부담스러워서 문경새재를 향해 출발했다. 사람은 넘기 어려워 새들이 넘나든다는 '문경새재!' 주흘산 1관문을 지나 이리저리 구경하다가 구미에 사는 선애와 연락하여 저녁에 합류했다. 저녁 잘 먹고 리조트로 찾아온 윤영숙 부부와 사과이야기를 듣다가 자정을 훌쩍 넘겼다.

다음날, 문경읍 증평리 여우목이라는 마을에 정착하여 사과를 자식처럼 키우고 있는 영숙이네 산마루 사과농장을 방문했다. 사과밭에 가보니 부부가 얼마나 땀을 흘리며 부지런히 사과밭을 가꾸고 있는지 가지런히 베어진 풀과 주렁주렁 열린 사과들이 말해주는 듯했다.

해발 400m(?)의 산마루에 풍성히 열린 사과나무 위로 한 점 그늘 없이 그냥 내리쬐는 햇빛과 시원한 바람 그리고 부부의 정성과 기도로 사과가 익어간다. 살아 숨 쉬는 생명나무 사과나무의 놀라운 비밀들은 혼자 듣기 아까울 정도다.

영숙이 남편의 부지런한 모습에 울 남편도 상당히 감동받은 것 같다.

영숙이와 헤어져 선애와 우리 부부는 문경새재의 옛길 하늘재로 가서 한 1km 걷다가 연아소나무를 만났다. 이 시대 최고의 아이콘 연아의 모습을 어쩌면 저리도 잘 연관시켜 놓았는지 놀랍다.

폭염이라 더 돌아다니기가 어려워 일단 집으로 귀경했다. 더위가 한 풀 꺾이면 또 떠나보려 한다.

진달래꽃

작년에 동대문으로 이사 와서 5월부터 북한산자락을 다니기 시작하였다. 산을 오르내리면서 진달래 피는 것을 보지 못한 것이 못내 아쉬워 마음속으로 기대하기를 내년에는 3월부터 산에 와서 초봄에 온 산천지에 진달래 피는 것을 꼭 보리라 다짐하였었다. 올해도 사정은 그리 여의치 않아 자주 산에 가지 못하고 있다.

늘 오르내리던 길에 누구의 무덤인지 봉분의 잔디가 다 벗겨져 보기에도 안쓰러운 무덤이 있다. 이번에 보니 그 앞에 진달래꽃이 피어 그 영혼을 위로하는 듯 보여 내 마음이 따뜻해진다. 마산병원 뒷산에는 온 산이 진달래꽃으로 붉게 덮여 진달래꽃의 애잔함을 몰랐었는데 올해에 보는 진달래는 또 다른 두근거리는 느낌으로 다가온다.

가만히 그 이유를 생각해보니 겨울을 지나 온 산에 푸른 잎이 하나도 없고 마른가지 뿐인데 하나둘씩 연분홍 어여쁜 빛깔로 꽃망울을 터뜨리는 꽃이 진달래다.. 메마른 산 여기저기에 진달래가 붉게 피어나면 생명력이 느껴지고 가라앉은 기운이 살아 오르면서, 내 마음까지도 이리 흔들리는 것이리라. 햇빛을 어떻게 받고 꽃이 피는지에 따라 같은 분홍빛깔인데도 그 농도가 아주 다르다. 아기 입술같이 앙증맞기도 하고, 연분홍치마가 봄바람에 휘날리듯이 요염하기도 하고, 헤픈 아낙네의 치맛자락 같기도 하고 어느 것 하나 예사롭게 보이질 않는다.

북한산의 바위와 소나무가 연분홍 진달래와 어울려 더 아름다운 우리나라 산천의 모습이다. 벚꽃은 보기에 화려하고 좋으나 피기가 무섭게 지고마니 섭섭하지만 진달래는, 높은 산 낮은 산 어딜 가나 봄이면 여기저기 피어 오래도록 볼 수 있으니 참 고마운 꽃이다.

3부
간호장교라는 이름

남정언니의 추억

지난 수요일 분당에서 16기 남정언니와 희윤이랑 31년 만에 만났다. 춘천병원 시절 영어를 배우러 캠프 페이지에 같이 다니던 인연으로 만난 남정언니. 남정언니는 춘천이 고향으로 춘천댐 위에 잘 가꾸어진 멋진 언니네 별장이 있어서 춘천병원을 떠난 후 121병원 동기들과 언니네 집에 놀러가서 찍은 사진이다. 남정언니, 박명희, 22기 이성옥, 121병원 근무하던 카투사(당시 춘천시장 아들)와 벚꽃 잎이 비처럼 내리던 어느 봄날 춘천에서 즐거운 시간을 보냈다. 31년 만에 남정언니네 집에 갔을 때 언니의 앨범 속에서 이 사진을 발견하고 얼마나 반가운지…….

1984년 4월 어느 날 청량리 발 춘천 행 기차를 탔다. 가면서 차창

밖으로 보이는 풍경은 너무 좋았다. 진달래 피고 연한 초록이 뭉게뭉게 피어나는 산들과 푸른 강물, 강변의 풍경은 절경이었다. 자연도 아름답고, 우리들 나이도 젊고, 봄기운도 충만하니 얼마나 신이 나고 좋았는지…….

우리 20기동기 중에 최고의 요조숙녀 품격을 지닌 박명희가 신나서 기차에서 내던진 "기분 째지게 좋다."라는 말이 명희의 평소 모습과 달라 얼마나 웃었던지…….

어제 저녁 아주 오랜만에 나의 사진첩을 열어 이 사진들을 찾아내어 찍어보았다.

아, 그리운 우리의 젊은 날이여!

간호장교라는 이름

내가 간호장교라는 이름으로 산다는 것은 인생에서 어떤 의미였을까! 우리 친구 신혜경 장군이 머지않아 명예로운 이임식을 한다고 하니 감회가 새롭다. 그녀는 3학년 1학기 때 같은 방을 쓰던 친구였고 마산에서 소위로 첫 발령을 받고 같이 근무했던 친구다. 그 친구가 간호장교로서 별이라는 최고의 자리까지 올라가 아무 탈 없이 학교를 위해 많은 일들을 하고 떠나는 혜경이에게 진심으로 감사하고 박수를 보내고 싶다.

내가 간호장교였다는 사실이 네트워킹으로 나의 모든 삶에 연결되어 전혀 모르는 사람과의 관계에서도 그리고 아주 작은 일에도 연결되어 있음을 깨달을 때마다 놀랍기도 하고 감사하기도 하다. 마치 음식에 소금이 녹아들어 간이 배어들고 나면 언제나 그 맛을 일정하게 유지하는 것처럼 간호장교라는 닉네임이 과거부터 지금 이 순간까지 나의 맛을 적당하게 내어주고 있으니 말이다.

내년에 학교를 이동하는데 학교장의 추천을 받아 초빙교사로 다른 학교로 가게 될 것 같다. 지난주에 내가 가게 될 학교의 교장선생님의 면접을 보러 갔었는데 그분이 나를 흔쾌히 받아줬다. 그 이유가 나를 잘 알아서가 아니라 자기가 전에 근무했던 학교에서 잠깐 기간제로 근무하

던 보건교사가 책임감이 강하고 일을 너무 잘해서 마음에 들었다고 한다. 그 보건교사가 간호장교 출신이라서 내 이름 석 자도 모르지만 간호장교 출신이라는 이유 하나로 무조건 오케이 했다고 한다. 일을 잘했다는 그 후배가 얼마나 기특하고 자랑스러운지 모르겠다. 마치 내 자녀가 어디서 칭찬을 들을 때 겸손하게 뭘요 하면서도 내심 뿌듯하고 우쭐해지는 그런 마음이 든다.

그 학교를 돌아 나오면서 드는 생각은 말로만이 아니라 앞으로 처신을 잘하고 살아야겠다는 것과 내가 머물렀다 떠난 후에 내가 있던 자리에서 아무 잡음이 없도록 정말 깨끗하게 정리하고 떠나야겠다는 것이었다. 이토록 우리의 닉네임은 무섭도록 우리를 지켜보고 있으며 고맙기도 하고 두렵기도 한 것이다.

동기모임 후기

동기들의 따뜻함~~ 누구도 가질 수 없겠다는 자부심이 절로~~
이 나이에 다시금 새록새록 느껴지는 만남이었어^^

- 이영숙-

서로 돌아가면서 근황이야기하고 유익한 경험들도 공유하고
동기회의 단합과 화목을 키우기 위한 의견들 시간이 모자랐단다^^

-마리아-

정원아 애 많이 썼지? 어쩜 그리 건강식들을 맛나게 만들었는지
아주 오랜만에 본 정란 옥희 넘 반가웠고 마리아~~ 오이 잘 먹을께

-길홍옥-

정원아. 너의 섬김이 빛나는 저녁시간이었어~~
알아갈수록 장점이 많은 친구가 있음에 고맙고 감사하다^^

-심순영-

토요일저녁 동기 모임 후에 카톡으로 오고 간 대화들을 몇 자 옮겨보

았다. 정원이 아들이 엄마와 함께 요리를 같이 만들면서 엄마 친구들이 이렇게 모이는 것이 정말 보기 좋다고 했다는 말을 정원이 한테 들었다. 참 귀한 아들을 두었다고 생각한다. 동기 18명이 모이니 사실 대화를 나누기도 어려운 상황이 되어서 안나의 주관으로 1분 스피치를 하였다. 사실 나는 별 할 말이 없다고 하면서도 말을 꺼내고 나면 다들 5분 이상 긴 말들을 쏟아내었다. 가슴속 깊이 간직한 아픈 이야기, 손주를 본 기쁜 이야기, 노후를 대비하자는 말들, 안나의 취업이야기. 아주 심심한 이야기까지 어떤 말이라도 40년 지기인 우리들의 이야기는 모두 소중하고 귀하다.

친구의 아픔이 나의 아픔이 되고 친구의 기쁨이 나의 기쁨이 되는 우리 동기들이 있으니 마치 나의 분신이 다른 모습을 하고 다른 삶을 살고 있는 듯 모두 나의 이야기요 나의 삶인 것이다. 몇 년 만에 만나도 어제 헤어졌다 만난 듯 하니 이렇게 익숙하고 편한 모임이 또 있을까 싶어 돌아오면서 나는 크게 기뻐 할 일이 있는 것도 아닌데 이상한 충만함과 만족감에 미소와 감사가 절로 나왔다.

20기 동기들이여 영원하라

우리가 소위계급장을 어깨에 단 지가 엊그제 같은데 어느새 우리 동기 혜경이가 간호병과의 수장이 되어 간호병과의 기를 이어받았다. 귀한 시간을 내어 축하의 자리에 함께 한 친구들 모두 자기 일인 양 기뻐하였다. 크게 잘난 인물은 없어도 무슨 행사나 일이 있을 때마다 한마음으로 마음을 모아주고 기꺼이 시간을 내어주는 동기들의 변함없는 사랑이 늘 고맙다.

행사가 끝난 후 스파텔의 큰 온돌방에 모여 마리아의 제안으로 1분 스피치를 하였다. 25명의 친구들이 흩어져 사는 동안 각자의 삶의 흔적들이 배어있는 모습 그대로 한 마디씩 돌아가며 스피치하는 동안 간식을 준비해온 친구들의 배려로 포도주와 과일과 과자가 바닥에 깔리고 질펀하게 웃고 이야기하는 친구들의 모습에서 옛 모습들이 서서히 살아난다.

수년 만에 만나도 어제 만났다 다시 만난 듯 정겹고 부담 없는 친구들이다. 30년 만에 전체 동기모임에 처음 얼굴을 보여준 박정님, 이순례, 조경희, 광주 이명숙 부부……. 마치 잃어버린 30년을 되찾은 기분으로 바라보았다. 다음날 출근하는 박명희, 어경순, 최영문과 나는 손순금 차로 올라왔지만 마지막까지 함께 하지 못한 아쉬움 때문에 못내 섭섭했다.

바라기는 혜경이가 2년 동안의 임기를 잘 마치고 간호병과의 기를 후배에게 물려주는 날 우리 동기들이 더 많이 모여 축하해주고 기쁨을 같이 하기를 소망해본다.

2009년 내년이면 임관 30주년이란다.

아, 세월의 무상함이여!

보리밥집에서의 동기모임

올해로 우리 20기는 임관 30주년이다. 1979년에 소위로 임관하여 각자의 임지로 흩어져 오랜 세월 자기가 맡은 일들을 잘 감당해온 우리들은 이제 우리의 자녀들이 우리가 임관하던 나이에 이를 만큼의 세월을 묵묵히 살아내고 있다.

아직 군에 남아있어 남은 임기를 잘 마무리하고 있는 명희, 경순, 영남과 간호병과장으로 20기의 맥을 자랑스럽게 이어가고 있는 신혜경 대령이 있으므로 임관 30주년 홈커밍 행사도 멋지게 마무리 될 줄로 믿는다. 간호사관학교가 있었기에 우리는 사회 곳곳에서 전문성을 발휘하며 어떤 일을 맡겨도 남들보다 똑 부러지게 일을 잘한다는 말을 듣고 끝까지 책임을 다하는 사람으로 인정받고 있음을 부인할 수 없다.

3년간의 학교 교육이 알게 모르게 20대 우리에게 남긴 흔적을 우리는 50대가 된 지금도 서로의 모습 속에서 많이 발견하게 된다. 이즈음에서 나는 동기 모두에게 제안하고 싶다. 우리에게 세상을 넉넉히 이기고 살아가는 힘을 키워주고 어디서 어떤 역할을 하든지 간호장교로서 자긍심을 갖고 모교를 이야기 할 수 있도록 지금까지 학교의 발전을 위해 애써온 선후배들을 기억하며 감사한 마음을 갖자고 말이다.

2009년을 20기의 <학교사랑의 해>로 정하고 싶다. 마음으로 지나온 세월을 새기면서 우리에게 좋은 기억을 남긴 학교생활에서의 에피소드나 군병원에서의 일어난 일 그리고, 좋은 선후배이야기가 있으면 한 번 나누어보자. 이곳 동기방에 기억하고 있는 이야기들을 올려주면 내가 정리해서 작은 책자로 만들어 동기모임 때 나누어줄게. 20기동기들의 마음을 이곳에 모아주길 부탁해! 어떤 글이라도 환영합니다.

30주년 행사가 끝날 때까지 경숙이가 회장을 맡아주기로 했고 새로운 총무로 주춘실 친구가 추천되었는데 잘 해주리라 믿는다. 그 외 결정된 세세한 내용은 새로운 회장단이 정리해서 올려줄 것으로 알고 이만 여기서 줄입니다!

라일락 향기가 날리는 5월에 모교에서 만납시다.

20기 임관 30주년 기념 답사

존경하는 국군간호사관학교 선후배여러분과 이런 귀한 자리를 마련해 주신 박순화 학교장님, 그리고 학교관계자 여러분들의 수고에 먼저 감사의 말씀을 전하고 멀리에서 바쁜 일을 뒤로 미루고 참석해준 사랑하는 20기동기들에게도 감사의 인사를 전합니다.

30여 년 전 저희 20기동기들은 부모님의 품을 떠나 청운의 꿈을 안고 이곳 국군간호사관학교에 모였습니다. 전국 각지에서 모인 우리들은 자라온 환경이 다르고 성품이 서로 달랐지만 3년이라는 교육과정을 거치면서 거친 성격들이 부드러워지고 모난 모습들이 잘 다듬어져 졸업할 때에는 어떤 일을 맡겨도 넉넉히 감당할 수 있는 책임감이 강한 국가의 동량들이 되었습니다. 이렇게 자랑스러운 모교에 다시 모여 한 송이 꽃보다 더 아름다운 모습으로 서있는 후배들과 훌륭한 학교의 시설들을 둘러보니 가슴이 벅차오르고 기쁘기가 한이 없습니다.

저희 20기동기들은 현역으로 신혜경 간호병과장과 정영남, 어경순 중령이 있고, 미국과 캐나다 등 외국에서 14명의 동기들이 각자의 커리어를 키워가며 잘 생활하고 있습니다. 나머지 동기들은 서울대학교 문화인류학과 부교수로 있는 박순영 동기를 비롯하여 18명의 보건교사, 6명의 보건직공무원, 유치원원장, 각 병원의 간호과장이나 팀장으로서 중추적인 역할을 잘 감당하고 있습니다. 고 권성애 동기는 오래 전에 수도병원에서 근무 중에 순직하여 대전현충원에 안장되어 있기도 합니다. 저희 20기동기들이 이렇게 사회 여러 분야에서 많은 사람들에게 책임감이 강하고 성실한 일꾼으로 칭송을 들으면서 자기의 맡은 일들을 잘 감당하는 것은 어렵고 힘들었지만 국군간호사관학교에서의 철저한 교육과정이 있었기에 가능하다고 믿습니다. 임관 후 30년이 지난 지금은 더욱 절실히 모교에서의 교육이 저희들 삶의 가장 깊고 튼튼한 뿌리가 되었다는 것을 고백하지 않을 수가 없습니다.

사랑하는 후배여러분! 지금 여러분들은 최상의 교육을 받고 있다고 자부심을 가지셔도 됩니다. 30년 선배로서 자신 있게 말할 수 있습니다. 책을 가까이하고 열심히 공부하십시오. 전공분야 뿐 아니라 어학공부도 열심히 하시기 바랍니다. 전 세계 어디에 내놓아도 전문지식이 탁월하며 생각이 통하고 언어가 통하는 글로벌한 간호장교가 되시기를 바랍니다. 언제나 긍정적인 마음을 가지고 세상이 나의 주인이 아니라 내가 세상의 주인이라는 생각을 가지십시오. 어려운 일이 있을 때 그 어려운 일을 넘어서면 언제나 더 좋은 일이 기다리고 있음을 기억하시기 바랍니다.

"지금은 임관 30주년 기념으로 이 자리에 서 있지만 앞으로 임관 40주년, 50주년에도 이 자리에 자랑스럽게 설 수 있도록 저희 20기 동기들도 열심히 노력할 것을 후배들 앞에서 다짐해 봅니다. 감사합니다."

선배라고 불리어지는 기쁨

지난 토요일 오전에 내 휴대폰으로 모르는 번호의 전화가 걸려왔다. 아들이 새롭게 배치 받은 자대의 중대장이란다. 약간 허스키한 목소리의 씩씩한 여군 장교였다. 여러 가지 대화를 하던 중에 왕수와 면담을 했는지 어머니도 군에 계셨다면서요. 제가 어머님 후배가 되겠네요. 선배님 자제분인데 잘 데리고 군생활을 하도록 하겠습니다.

오히려 내가 황송해서 "아, 네, 네……."하다가 그럼 잘 부탁한다고 마무리하고 전화를 끊었다. 전화를 끊고 혼자 흐뭇한 미소를 지으면서 가만히 우리들의 정체성에 대해 생각해보았다. '간호장교'였다는 명백한 사실과 지나온 시간들 속에 젊은 날 우리가 지칠 줄 모르고 군병원에서 헌신했던 그 아름다운 모습들이 지금은 1세대를 지나 2세대까지 영향력이 닿아있음을 실감한다. 이름도 성도 모르는 이 땅을 지키는 젊은 장교에게 선배라는 호칭으로 불리어진다는 것이 내게는 감동이었다.

그것도 내심 걱정하던 내 아들의 모든 군 생활에서 부모처럼 영향력을 미친다고 생각하니 참으로 기쁘지 아니한가!

정희를 보내는 마음

잔잔히 웃고 있는 너무 젊은 정희의 영정사진이 우리를 슬프게 한다. 학교를 휴학하고 엄마의 손과 발이 되어 극진히 간호하던 가냘프고 고운 정희의 딸내미가 입고 있는 검은 상복이 우리를 슬프게 한다. 금방이라도 뚝뚝 굵은 눈물이 쏟아질 것 같은 선한 눈을 가진 목사인 남편이 시종 옅은 미소로 조문객을 맞이하는 모습이 우리를 슬프게 한다. 미국에서 공부하느라 엄마의 임종도 지켜보지 못한 아들이 아직 도착하지 않아 휑하게 비어있는 상주의 빈자리가 더욱 우리를 슬프게 한다. 마지막까지 원망하는 마음 없이 예쁘게 갔노라고 전해주는 남편의 그 마음 속 슬픔의 궁창이 얼마나 클까 싶어 또한 우리를 슬프게 한다.

매사에 차분하고 조신하게 생활했던 사모의 마지막 가는 길을 그리도 안타까워했다던 성도들의 오랜 기도와 보살핌 때문인지 조문객의 발길이 끊이지 않아 정희가 복 있는 사람이었구나 싶기도 하지만 너무 빨리 우리 곁을 떠나는 친구를 보며 이 땅에 발붙이고 사는 것이 하도 허망하고 허전하여 우리를 슬프게 한다.

정원이네집 모임 후기

요즈음 오랜 감기로 인한 비염과 기침으로 골골 하느라 글쓰기에 대한 열정도 식어가네. 하지만 우리들의 이야기방에 들러 새로운 글이 올라왔을까? 궁금해 할 한두 명의 친구들을 위해 모처럼 마음을 추슬러 보건실에 놀러온 아이들을 올려 보내고 몇 자 적는다.

정원이가 초대해 지난 주말에 평창동 정원네 집에서 14명의 친구들이 모였다. 조만간 정원이의 예쁜 막내딸이 찍은 사진들이 올라오리라 생각하며 함께 했던 친구들 이름을 하나씩 불러본다. 정원, 순영, 현숙, 박인숙, 홍인숙, 진선, 인실, 정순, 호경, 춘실, 유자, 영문, 남희, 정현, 등 내 기억이 맞는지 모르겠다. 혹시 이름이 불러지지 않은 친구가 있다면 용서를 바란다.

홍인숙과 나는 오후 2시 반에 미리 만나서 평창동 화정박물관에서 이상야릇한 그림 전시회를 보고 아래 카페에 들러 진한 커피를 한 잔 하며 오랫동안 적조했던 회포를 풀었다. 서울성곽길이 있는 뒷산으로 올라가 낙엽을 밟으며 가을 산의 정취를 나누었다. 부암동 백사실 계곡으로 내려오며 서울시내에 이런 너럭바위와 계곡이 있음에 감탄했다. 정원이네 집은 한글폰트를 창작하시는 부군(석금호)의 기운이 집안 곳곳에 배어있고 베란다에서 바라보는 서울성곽의 야경이 참 보기 좋은 곳에 위치한 갤러리 같은 느낌의 집이었다. 두 딸이 어찌 야무지고 예쁜지 정원이는 늦복이 터진 게 아닌가 싶었다. 이름을 다 대지 못할 정도로 손수 장만한 음식들을 뷔페식으로 가져다 먹으며 친구네 집에서 모이니 편안하고 여유가 있어서 어느 식당에서의 모임보다 좋았다.

집을 오픈한 정원이의 따듯한 마음과 손길에 거듭 감사하며 다음에 다시 만나자.

4부
엄마의 글씨

엄마의 생일축하

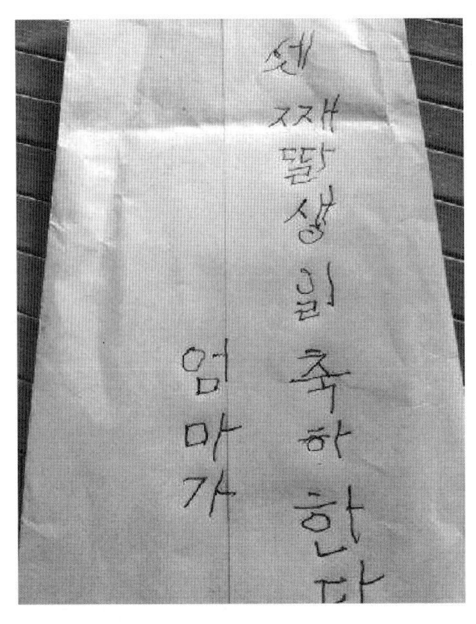

어제 주일 오후 예배드리고 나오니 대전에서 온 부재중 전화가 여러 통 찍혀있다. 복날이라고 엄마 모시고 큰언니네 집에 모여 이야기꽃을 피우는지 소란한 소리가 전화기를 타고 들린다. 조금 후에 언니가 카톡으로 보내온 사진 속 편지 봉투에는

"셋째 딸 생일 축하한다. 엄마가."라고 적혀있다.

올해로 91살이 되시는 우리 친정엄마가 꾹꾹 눌러 쓴 삐뚤빼뚤 글씨와 함께 내 통장으로 20만원을 보내셨단다. 엄마가 준 돈으로 내 생일날 식구들과 꼭 식사하는데 쓰라고……. 저 멀리 전화기에서 엄마의 목이 잠긴 소리가 들려온다.

"그려! 엄마 알았어요."

갑자기 내 목소리도 잠겨온다.

줄줄이 딸들 생일 때마다 이렇게 생일축하 금일봉을 주셨다는데 울 엄마가 이 세상에서 마지막 선물을 이렇게나마 베풀고 훌훌 가볍게 떠나시려는 준비를 하시려는 겐지…….

엄마의 90평생을 생각하며 잠시 먹먹해진다.

2년 전 7월초에 시작한 심영의 감사일기가 어느덧 100회까지 왔다. 일상의 소소한 감정과 느낌들을 놓치는 것이 아쉬워 시작한 감사일기가 참 길게 왔다는 생각이 든다. 그동안 내가 올린 별스럽지도 않은 나의 글을 함께 읽어준 친구들 모두에게 고맙고 감사하다.

이 글들은 잘 모아두었다가 회갑기념문집으로 엮어서 작은 책자로 만들면 좋겠다는 희망을 가져본다. 매일 스쳐지나가듯 하는 일상의 시간들 속에서도 순간 반짝하고 떠오르는 생각과 계절에 어울리는 시어들이 우리의 삶을 풍성하게 한다는 것을 지내놓고 보니 아주 조금은 알 것 같기도 하다.

내 삶의 배경에는 언제나 변함없이 30여 년을 함께 걸어온 좋은 친구들이 있었다는 것을 고백해본다.

아버지고향 주소

어제 밤에는 교육방송에서 연속으로 방영하는 <중용 - 인간의 맛>을 시청했다. 도올 김용옥 선생의 강의를 남편이 하도 열심히 재미있게 듣고 있어서 모처럼 같이 들었는데 들을 만 했다. 도올의 말로는 우리나라가 지금 춘추전국시대처럼 제자백가의 시대라는 것이다. 그만큼 학문의 자유가 있고 언론의 자유가 있으며 공부를 많이 하고 시대를 앞서가는 인물이라면 누구라도 환영받을 수 있는, 국민들의 토양이 갖추어진 형국이라고 했다. 이런 시대를 우리가 살고 있음에 감사하다는 생각이 들었다.

이 땅에 전쟁이 멈춘 지 60년이 넘었고 가난에서 벗어난 지 40년 가까이 되었으니 이 또한 얼마나 감사한 일인지. 1948년 전쟁 나기 2년 전 얼마나 시대가 어둡고 어지러웠으면 울 아버지 23살 약관의 나이에 부모와 생이별하고 어린자식 등에 업고 밤이슬 맞으며 월남 할 생각을 했을 것인가. 25살 먹은 우리 아들 왕수의 철없는 행동을 볼 때마다 나는 울 아버지가 그리도 불쌍하다.

부모와 생이별하고 소식을 모른 채 65년이라는 세월이 흘렀고 지금은 치매로 요양병원에 누워계신다. 기억이 흐릿한 지금도 몇 마디 혼잣말을 하실 때면, "황해도 연백군 괘궁면 한정리"를 읊으신다. 당신이 태어나신 고향집 주소인데, 꿈속에서도 그곳이 그립고 보이시는 모양이다. 아버지를 볼 때마다 가슴 아프다. 사람이 산다는 것은 참으로 위대한 일이며 기적의 삶이 이어지는 것이라고 생각한다. 어느 누구에게라도…….

어제 강의의 핵심은, 인간이라면 누구나 먹고 마시지 않을 수는 없다. 하지만 그 맛을 아는 것은 어렵다는 것이다. 맛을 아는 사람은 곧 멋을 아는 사람이고 주관적이면서도 객관적인 사람이고, 복잡하지 않고 단순한 사람이며, 보는 맛을 알고 듣는 맛을 알고 냄새로 맛을 알며, 먹는 맛과 싸는 맛을 알며 남녀관계의 미묘한 맛을 아는 사람이라는 것이다.

지식이 많기만 한 것이 아니고 지혜가 있어 삶 속에서 그 지혜가 녹아지는 사람이 맛이 있는 사람이란다. 우리가 젊어서 고단한 훈련과 엄격한 제복 속에서 살았지만 그런 어려운 시절이 있었기에 남들보다 더 깊은 맛을 느낄 줄 아는 사람으로 지금 이 시대를 살아가고 있는 것이라고 나는 믿는다. 그렇지 아니한가?

아버지의 마지막 길

어제는 하루 종일 내 아버지 생각만 했다. 폐에 물이 차고 소변이 전혀 안 나오는 상태로 의식도 없으시고 며칠 못 가신다는 연락을 받고, 올해로 88세 되시는 아버지와 영원한 이별을 준비해야겠다는 생각과 동시에 가슴이 떨려왔다. 진즉부터 예견해온 일이건만 왜 마음이 이렇게 진정이 안 되는지 우황청심환 반병을 마시고 하루 종일 서성거리며 내 주변정리와 책상서랍 속을 정리하다보니 오후에는 조금 진정이 되었다.

자녀들을 빚을 내서라도 끝까지 가르치지 못한 아버지에 대한 원망의 시간들도 있었지만 돌이켜보면, 그런 유형의 유산보다 더 값진 무형의 유산을 많이 남겨주신 아버지였음을 알게 되었다. "가화만사성(家和萬事成)"은 아버지가 늘 강조하시던 우리 집 가훈이다. 집안이 편안해야 모든 일이 잘된다는 아주 평범한 그러나 그 말이 얼마나 실천하기 어렵고 값진 말인가를 살면서 점점 깨닫게 되는 것 같다.

여고시절 클럽활동과 교회활동으로 천방지축 싸돌아다닐 때 아버지는 내 책상에 이런 글을 남겨 놓으셨다.

소년이로 학난성(少年易老 學難成)
소년들아 늙기는 쉽고 배움은 이루기 어렵나니

일촌광음 불가경(一寸光陰 不可輕)
순간 순간의 세월을 헛되이 보내지 마라

미각지당 춘초몽(未覺池塘 春艸夢)
연못가의 봄풀이 꿈에서 깨기도 전에

계전오엽 이추성(階前梧葉 已秋聲)
뜰 앞의 오동잎은 가을을 알리는구나

이 글이 주자의 권학문이라는 것을 나중에 알게 되었고 딸을 불러다가 큰소리를 내지 않으시고 언제든 눈에 띄면 보라고 내 책상 위에 한시를 적어 놓으셨던 아버지의 깊은 뜻을 세월 지나가면 갈수록 뼈 속 깊이 새기게 된다.

그렇게도 고향을 그리워하고 한시도 못 잊어 하셨건만 끝내 지척에 두고도 60여 년을 못 가보고 말았으니 너무나 안타깝다.

이제 영혼이나마 훨훨 날아 황해도 연백 땅을 둘러보시기를 이 셋째 딸이 기도로 응원합니다.

아버지를 여의고

미리 예견하고 마음 준비를 단단히 하고 있던 일이지만 지난 6일 저녁 7시 막상 아버지 운명하셨다는 연락을 받고 나니, 두 다리가 후들거렸다. 무엇을 먼저 해야 할 지 몰라 멍하니 앉아 있다가 여기저기 친척들에게 연락을 했다. 휴대폰을 두고 나간 아들 왕수를 기다리다가 자정이 넘어 버려서 결국 다음날 새벽에 대전에 도착하고 말았다.

호경이가 전해준 우리 학교 조기가 얼마나 든든해 보이는지 조카애가 제일 폼이 난다고 한다. 근무하고 힘이 들 텐데 이명숙, 홍인숙, 김진희, 황선애, 우혜자가 와주어서 고마웠다. 이틀 후 있을 이임식으로 분주한 중에 와준 신혜경 장군도 고마웠고 남편이 인사 못했다고 섭섭해 했다. 말없이 따뜻한 마음을 전해준 친구들이 너무 많아 정말 고마웠다. 후배 진숙이도 고맙고……. 일일이 이름을 적지 않아도 심영이 엄청 고마워하고 있다는 걸 이 글을 통해 다시 한 번 전하고 싶다.

아버지 잘 모셔드리고 집으로 돌아와 오늘 학교에 출근했는데 만나는 선생님마다 손을 잡아주시네. 눈물 많은 내가 이번에 아버지 여의면서 참 잘 참고 있다 싶었는데 아침에 출근하여 따뜻한 위로를 받으니 그만 왈칵 눈물이 쏟아지고 말았다.

몇몇 아이들도 달려와 “선생님 보고 싶었어요.”라며 여우 같은 미소를 짓는다.

멀리 사는 형제자매보다 어쩌면 내가 일하는 학교의 선생님들과 아이들이 나의 모습을 더 잘 알고 내 아픈 마음을 더 잘 쓰다듬어주는지도 모른다는 생각에 일터의 소중함을 진하게 느껴본 하루다.

엄마의 글씨

지난 일요일 친정언니 아들이 결혼을 하여 대전에 갔다. 조카는 공무원 동기생 여성을 만나 친구에서 연인으로 부부의 인연까지 닿은 보기 좋은 커플로 온 식구들의 환영을 받으며 한 가정을 이루었다. 예단으로 시이모들에게 이불 한자리씩 돌린 모양으로 대전 어머니께서 전화를 하셨다.

"살림정리를 하다 보니 네가 중학교시절에 받은 상장들이 신문지에

싸여있어 버릴까 하다가 예단이불 속에 찔러 넣었으니 풀어보아라. 내가 거기(아버지 곁 영원한 집) 들어가면 누가 챙기겠냐. 매달 성적우수상을 받은 것인데 한두 장이 아녀, 자랄 때 칭찬 한 번 제대로 못해주고 미안하다. 미안한 생각에 상장을 하나씩 보면서 눈물이 나더라."

자꾸 미안하다고 말씀하시는 엄마의 전화를 받고 나도 울컥하는 마음이 들었다. 대전에 내려가 동생 차 트렁크에서 이불을 받아드는데 학교 문턱에도 못 가본 엄마가 그려놓으신 내 이름 석 자를 보았다. 지렛대 없이 쓰신 시옷자를 보고 웃고……. 진하게 쓰려고 두 번 세 번 삐뚤삐뚤 그려놓으신 내 이름 "심순영" 다른 딸내미들과 예단이불 짐이 바뀔새라 그래도 사랑을 담아 꾹꾹 눌러 적으신 그 마음이 눈물겹다.

올해 90회 생신을 맞으시는 엄마가 계심이 너무 감사하다.

어머니의 존재

올해로 85세 되시는 시어머니는 1년에 서너 번 서울 우리 집에 올라오신다. 여러 가지 진료과목을 두루 다니시면서 검진을 받고 약을 타서 내려가신다. 지난 화요일 올라오셔서 병원 다녀오시고 토요일에는 온 가족이 외식을 하였다. 동네 놀이터에서 아이스크림을 후식으로 먹고 느긋하게 모자가 집으로 가는 모습이다. 이런 행복한 모습이 언제까지 이어질지 알 수 없으나 아직 거동을 하시는 어머니가 계심에 감사하고

남편이 어머니에게 최선을 다하는 모습이 감사를 넘어 감동을 준다.

"어머니란 세상 곳곳에 신이 함께 할 수 없어서 하나님이 우리에게 보내준 신과 같은 존재이기에 어머니가 계시다는 것, 그 존재 자체만으로 우주가 내 편인 것이요. 하나님이 내 편인 것이라고 생각한다."

구부정한 어머니의 손을 잡고 집으로 돌아가는 남편의 모습이 너무 아름답다.

코피 터진 날

아버지의 첫 기일이라 대전에 다녀왔다. 온 가족이 오빠네 집에 모여 이른 저녁에 제사를 드리고 함께 식사를 했다. 혼자 사시는 엄마 집으로 돌아와 참으로 오랜만에 엄마와 단둘이 오붓하게 잠자리를 깔고 씻으러 화장실에 갔다가 예상치 않은 코피가 터지고 말았다. 한 시간 가량 지혈을 해서 겨우 코피가 멎고 잠을 청하려 하니 우리 엄마 계속 옛날이야기를 하자고 하신다.

18세 결혼시절부터 못 배우고 못생겼다고 아버지로부터 사랑받지 못한 젊은 시절 이야기를 필두로 해서 엄마의 한스런 인생이야기가 시작되었다. 아버지 돌아가시기 2년 전 엄마가 치질수술 받고 집에 돌아오니 아버지가 아들며느리 앞에서 엄마를 덥석 안으시면서 우셨다는 이야기를 하시면서 '그때 잘하고 젊은 시절에 나를 그렇게 안아주고 따뜻하게 대해주었더라면 내가 지금까지 이리도 섭섭하지 않았으련만' 하신다. 나는 졸린데 엄마 이야기는 한도 끝도 없다.

겨우 잠들어 아침에 머리를 감다가 또 코피가 터졌는데 지혈이 안 되고 걷잡을 수가 없이 목 뒤로 넘어간다. 엄마가 오빠에게 SOS를 쳐서 아침도 못 먹고 달려온 오빠와 대전역 근처 이비인후과로 실려 갔다. 겨우 지혈을 하고 5일 동안 세수도 하지 말고 무거운 것 들지 말고 안정을 취하라는 의사선생님 말씀이었다. 감기로 인한 비염으로 코 속에 상처가 터지면서 자꾸 코피를 유발하는 거라고 하셨다.

그 길로 서울 올라오는 KTX를 타고 올라오자니 엄마한테 어찌나 죄송하고 미안한지 모르겠다. 자식은 언제까지나 부모에게 마음 졸이는 존재인 것인지 90세 엄마에게 따뜻한 밥 한 끼 차려드리지 못하고 엄마가 차려놓으신 식사마저도 못하고 올라오는 이런 불효를 저지르고 말았다.

서울 와서도 근무 중에 또 한 차례 코피가 터지고 이비인후과에 가서 콧속을 지지고 나서야 이제 겨우 진정되고 있다. 학교에서 하루걸러 셀 수도 없이 코피 터지는 아이들을 케어하고 있건만 정작 내가 오지게 당해보니 이것이 보통 일이 아니라는 것을 알게 되었다. 코피가 멎지 않으니 마음도 불안해지고 조급해지게 된다는 것도 알았다. 이제는 코피 나는 아이들 정말 세심하게 대해주어야겠다는 생각이 든다.

나이 탓인가 아님 내가 너무 내 몸을 혹사하면서 돌아보지 않은 무관심한 탓인가 자꾸 내 몸 여기저기서 이상한 비명소리가 들려오는 것 같은 느낌이 드는 것은?

이번 겨울방학은 아주 조신하게 집에서 책이나 보며 지내보려 한다.

내 딸 순영이

<내 딸 서영이>라는 드라마를 즐겨보고 있다. 요즘 드라마 작가들은 여우같이 시청자들의 마음을 들여다보는 듯이 글도 참 자알 쓴다. 복선을 미리 깔고 그 복선을 잊을 만하면 한 방씩 터뜨려주니 한국의 아줌마로서 드라마에 빠져들지 않을 수가 없다. <내 딸 서영이>를 보면서 나는 서영이보다 그 아버지가 좋다. 딸이 그리워서 자기를 마다하고 떠나간 딸내미 주변을 그림자처럼 배회하는 아버지의 애절함을 볼 때마다 눈물이 나오는데 어제 드디어 서영이가 그 아버지의 실체를 알게 되는 정점에서 드라마가 끝나고 아마도 오늘 저녁에는 아버지의 사랑을 가슴으로 알게 된 서영이의 눈물샘이 터져 온 시청자들을 울릴 것이다. 틀림없이……. 드라마니까.

어제 그 마지막 장면을 보면서 나도 내 아버지의 사랑에 목이 메어 흐르는 눈물이 멈추질 않았다. 아버지 세상 떠나신 후 첫 제사에서도 나오지 않던 눈물이 어젯밤에는 눈물샘이 터져버린 것인지 가슴이 미어지면서 "아, 내 아버지의 나에 대한 사랑도 저렇게 짝사랑이고 외사랑이었구나!"라는 생각이 든다.

생도시절 주말에 내가 집에 다니러 갔더니 아버지가 친구 분과 술타령을 하시느라 집에 안 계셔서 아버지 얼굴을 못보고 그냥 돌아왔는데 그 후 소식을 들으니 아버지가 내가 다녀갔다는 소리에 돌아앉아 우셨다고 하면서 친정엄마가 "무슨 남자가 딸내미 얼굴 못 봤다고 그렇게 우는지 원……."라고 하시는 소리를 들었다.

나도 그때는 어린 마음에 '술 취한 아버지 얼굴 보는 것이 그리 즐거운 일이 아니라서 오히려 에이 잘됐다' 하는 심정이었는데 지금 생각해보니 내가 얼마나 못된 딸이었는지 모르겠다.

내가 눈물을 흘리니 우리 딸이 휴지를 가져다 닦아주며 "엄마 왜 그래?"하고 묻는다. 나도 아버지 생각나서 그런다고 했더니 뒤로 와서 꼭 안아주며 토닥여준다.

내 딸 부현이보다 더 냉정하고 못난 나를 그리도 사랑하셨던 내 아버지, 하늘에서 잘 계시죠?

미안하다

정채봉 시인의 시 「엄마가 휴가를 나온다면」이라는 시는 언제 읽어도 가슴이 찡하다.

하늘나라에 가 계시는 엄마가 / 하루 휴가를 얻어 오신다면 / 아니, 아니, 아니, 아니 반나절 반시간도 안 된다면 / 단 5분 그래, 5분만 온대도 나는 원이 없겠다. / 얼른 엄마 품속에 들어가 / 엄마와 눈 맞춤을 하고 젖가슴을 만지고 / 그리고 한 번만이라도 엄마! / 하고 소리 내어 불러보고 / 숨겨놓은 세상사 중 딱 한 가지 / 억울했던 그 일을 일러바치고 / 엉엉 울겠다.

- 정채봉의 「엄마가 휴가를 나온다면」 전문

엄마가 살아계시던지 돌아가셨던지 상관없이 엄마라는 단어만으로도 울컥하게 된다. 지난 겨울방학에 단지 그냥 엄마를 보러 대전에 가서 같이 식사를 하고 유일하게 한 장 남긴 사진이다. 울엄마는 올해 92세이신데 아직 틀니 없이 당신 치아를 쓰시고 아직은 거동을 잘하고 계신다. 아마도 속으로 인생을 마무리 하고 계시는지 이년 저년하며 부르던 딸들에게 무언가를 자꾸 주신다.

작년부터 딸들 생일에 봉투에 이름자를 새겨서 금일봉을 주시더니 올

해에 회갑이 되는 딸에게는 일백만원씩 주셨다고 하여 모든 식구들이 눈을 동그랗게 뜨고 서로 바라보았다. 맏딸과 둘째 딸에게 그리 하시고는 아직 회갑이 되려면 3년이나 남은 셋째 딸인 내게는 사백만원을 보내오셨다. 너무 놀라 전화를 했더니 또 그 소리를 하셔서 나를 눈물짓게 하신다.

"내가 네게 칭찬을 못해줘서 미안하다. 매달 용돈 보내줘서 고맙다. 내가 그 돈을 한 푼도 안 썼다."

하시면서 매달 20만원씩 보내드리는 그 용돈 이제 그만 보내라고 하신다. 숨겨놓은 세상사 중 딱 한 가지 억울했던 그 일을 일러바치고 엉엉 울겠다던 시인의 고백처럼 나는 울 엄마에게 무엇을 일러바치고 엉엉 울어 볼까나.

미·용·감·사·축·행(미안합니다, 용서하세요, 감사합니다, 사랑합니다, 축복합니다, 행복하세요), 이 말이 가지는 위력이 대단하다는 것을 살아갈수록 더 실감하게 된다. 긍정적인 말이라서 그냥 해보는 것이 아니고 진심을 다해 온 맘을 실어서 하는 한마디 말의 위력 말이다.

울엄마의 '미안하다'는 말로 인해 내 가슴이 뜨거워지는 경험을 매번 하면서 한 마디 말이 주는 힘과 진정성을 다시 한 번 깨닫게 된다.

엄마의 회갑 축하 글씨

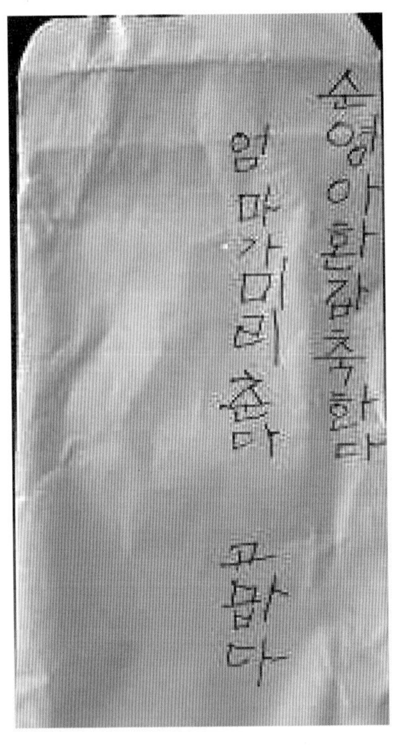

2017년에는 우리 친구들 대부분이 회갑이 되는 해이다. 지나간 세월동안 크게 이루어놓은 업적도 없는데 회갑이라고 들썩이는 것이 반갑고 환영할 일은 아니지만 60여 년의 시간 속에서 왜 감사할 일이 없겠으며 저마다 한두 가지라도 기억이 남는 일들이 왜 없겠는가?

나의 친정엄마는 올해 94세이신데 지난번 생일편지도 써주어서 나를 감동시키더니 아직 오지도 않은 나의 회갑을 미리 축하한다면서 작년여름에 100만원을 보내오셨다.

신문지에 수십 번 연습을 하셨다는 데도 글씨가 고르지 않아 보기 민망하지만 그래도 감동스럽다. 우리 엄마에게는 딸이 넷이다 보니 항상 딸들에게 골고루 나누어주었는지를 늘 신경 쓰신다. 위로 2명의 언니들은 이미 회갑이 지났고 회갑 때가 되면 언니들에게 회갑 축하금을 주었다고 한다. 셋째 딸인 내게도 회갑 축하금을 주고 싶은데 혹여 그 전에 당신이 저 세상 가면 전해주지 못할까 싶어

"순영아 환갑 축하한다. 엄마가 미리 준다. 고맙다."라고 쓰신 것이다. 눈물겨운 엄마의 마음이다.

스마트폰으로 단톡방을 만들어서 60여 명의 친구들이 실시간으로 의사소통을 하는 빠른 시대에 나의 감사일기는 너무 뒤쳐지는 듯하여 감사일기를 안 올린 지도 벌써 1년이 다 되어 간다. 마지막으로 이 글만은 올리고 싶어 오랜만에 동기방에 불을 켜 본다. 엄마가 주신 100만원을 종잣돈으로 하여 심영의 감사일기를 작은 책으로 묶는 작업을 하고 있다.

"친구들아, 내년 초 쯤에는 한 권씩 받아볼 수 있도록 노력해볼게!"

40년 지기 친구들 모두에게 감사한다.

꽃으로 받은 편지

2011년 아버지 소천하시고 엄마는 6년을 더 사시다가 95세에 하늘나라로 가셨다.

이 땅을 떠나시기 전 1년간은 당신이 떠날 것을 예견하는 듯 주변의 모든 물건을 깔끔하게 정리하셨는데, 돌아가시고 남은 물건이 거의 없을 정도였다. 생명이 없는 물건은 다 버리게 되지만 그래도 살아있는 꽃은 생명이 있기에 딸들이 화분을 나눠가졌다고 한다. 문주란꽃 화분은 큰 딸이, 엄마 쓰시던 돗자리는 둘째 딸이, 꽃 기린 화분은 막내딸이 가져갔다고 화분에서 꽃이 필 때마다 심자매 단톡방에 꽃 사진이 올라온다.

어느 날 문주란 꽃이 피었다고 사진을 올려준 큰언니를 생각하며 엄마의 마음이 되어 「꽃으로 받은 편지」 라는 시를 지어보았다.

진달래공원으로 이사 온 지 어느덧 삼년이 지났구나
큰애야 친정 없는 동생들에게 엄마가 되어 주니 고맙다
내가 수년간 키우던 문주란 꽃이 올해도 꽃을 피웠을 게야
한글 모르는 에미가 쓴 안부편지로 알거라

작은애야 이른 봄 바람결에 피는 담장 밑 수선화처럼 여린 네가
애쓰고 산 세월을 이 못난 에미가 다 헤아려주지 못해 미안 하구나
이제는 시원한 나무그늘이 되어 당당히 서 있으니 고맙기만 하구나
네가 가져간 왕골 돗자리를 엄마 품으로 생각하고 편히 있거라

혼자 알아서 야무지게 잘 산다는 핑계로
셋째야 네가 남모를 아픔을 연이어 겪을 때
에미가 찾아가 끌어안고 울어주지 못해 미안 하구나
너의 그늘에 핀 함박꽃을 예쁘다고만 말해서 미안 하구나

일 년 내내 꽃을 피우는 꽃기린은 막내가 가져갔다지
엄마가 아침저녁으로 바라보고 있다는 일상편지로 알거라
베란다에 앉아 나비처럼 피어나는 꽃 기린을 손질하던
엄마의 사랑을 너도 나비처럼 훨훨 피워 보거라

잘 생긴 소나무

이번 추석에 시골에 가서 시아버님 산소에 성묘 다녀오는 길에 만난 소나무가 멋지다. 아버님 가신 후 28년 동안 일 년에 한두 번은 오르내렸던 언덕길인데, 한 번도 내 눈에 안 들어왔었는데 이상하게 올해에는 이 소나무가 마치 꿈에서나 본 듯 턱하니 눈앞에 다가선다. 이토록 잘 생긴 소나무가 아버님 산소 뒤에 버티고 서 있다는 것이 얼마나 큰 위

안이 되는지 감사하다.

추석 연휴에 남편의 형제들과 북한산에 갔다가 형제봉 정상에서 이제 막 가을 색으로 물들어가고 있는 나무를 발견했다. 북한산 높이가 해발 800m나 되는데, 그 높은 산 위에 잘 생긴 바위들과 소나무들이 어울려 한 폭의 동양화를 그려내고 있는 풍경이 참으로 가슴 벅차게 다가온다. 바람까지 살살 불면서 땀을 식혀주니 산에 오르는 맛을 제대로 알게 해 준다.

서해안 가는 길에 어디서나 볼 수 있는 코스모스도 올해에는 더 예뻐 보이는 것이 아마도 내 마음이 예뻐지고 있다는 반증일까?

아니면, 내가 내 자신을 사랑하기 시작했기 때문일까?

자연을 대하는 나의 마음이 점점 사랑스러워지고 있다. 예전보다 내가 내 자신을 사랑하기 시작하면서, 과거에 살고 미래의 걱정 속에 사는 것을 거부하였다. 나는 지금 모든 것들이 일어나는 바로 이 순간을 살 뿐이다.

"오늘 나는 매일 매일 하루씩만 산다.
그리고 난 그것을 충만함(fulfillment)이라 부른다."
- 찰리채플린의 『내가 내 자신을 사랑하기 시작하면서』 중에서 -

나의 순망치한(脣亡齒寒)

우리 형제는 아들 하나에 딸이 넷, 오남매이다. 친정 부모님은 위로 오빠 하나를 두고 아들 형제를 만들어보겠다는 욕심으로 내리 딸 넷을 두셨다. 셋째인 내가 태어났을 때 아버지는 아기 얼굴을 들여다보다가 또 딸이라는 말에 갓 태어난 아가 머리끝까지 이불을 획 덮어버리고 나가서 술을 마셨다고 한다. 내가 선택해서 딸이 된 것도 아닌데 이 무슨 횡포인지 지금 생각해도 화가 난다. 그렇지만 자라면서 아버지의 사랑을 듬뿍 받았고 여자로 태어난 것에 대한 만족이 크기 때문에 용서해드린 지 오래다.

아들만 둔 아버지들은 자식을 길렀다고 감히 말하지 말아야 한다. 딸이 성장하면서 주는 잔잔한 기쁨을 아들만 둔 아버지들은 알 턱이 없기에 하는 말이다. 우리 딸은 어릴 적에 퇴근하는 아빠의 메리야스를 들치고 아빠의 맨 살에 얼굴을 부비면서 애교를 부리곤 했다. 세상에 그 어떤 사랑이 이보다 더 애살스럽고 앙증맞을 수 있겠는가. 딸을 넷이나 두신 친정아버지도 말년에는 조금이나마 딸을 둔 기쁨을 누리다 돌아가셨다. 네 딸들이 열흘이 멀다하고 여기저기 모시고 다니면서 맛있는 것도 사드리고, 웃겨드리며 여행도 모시고 다녔으니 말이다.

우리 자매들의 이름은 순서대로 순애, 순희, 순영, 남순이다. 예전에 이런 이름들은 순하고 예쁜 이름으로 각광을 받았는데 지금은 반려견의 이름 수준으로 전락하고 말았으니 기분이 씁쓸하다. 요즘엔 반려견을 키우는 것이 일반화되어 천 만이 넘는 가정이 반려견을 키운다고 한다. 이름도 옛날에 부르던 개 이름과는 정말 딴판이다. 옛날에는 덕구, 쫑, 메리 등 몇 가지 이름이 일반적이었는데, 요즘은 사람의 이름과 거의 똑같이, 그리고 다양하게 지어 부른다. 게다가 개 주인들은 자칭 타칭으로 개의 엄마, 개의 언니가 된다. 그래서 사람 이름과 개의 이름에 구분이 가지 않는다.

가수 이효리가 키우는 유기견의 이름은 순심이고, 개그맨 이경규가 키우는 개 이름은 남순이다. 내 동생 이름이 남의 집에서는 매일 개 이름으로 불린다고 하니 우습기만 하다. 순할 순(順)자가 사람들의 마음을 순하게 하고 옆에 두고 있으면 위안이 되나 보다. 부모님은 우리 자매의 이름을 순애, 순희, 순영이라는 순(順) 자(字) 돌림으로 이름을 짓다가 막내여동생 이름만 남순이라고 지으셨다. 아마도 청자연적의 파격미(破格美)처럼 하나쯤은 살짝 비틀어 짓고 싶으셨나 보다. 남쪽나라에서 낳은 막내딸이기에 남순(南順)이라고 지으셨는지도 모르겠다.

부모님은 1948년 칠흑같이 어두운 밤에 황해도 해주에서 피란을 내려오셨다. 친정아버지의 머리맡에 늘 허름하게 놓여 있던 서랍 두개 달린 앉은뱅이책상도 그 먼 여정의 피난길을 함께 했다. 아버지는 그 앉은뱅이책상의 다리를 하늘로 향하게 뉘이고 그 위에 간단한 살림살이를 쟁여 등에 메고 피란길을 떠나셨고, 엄마는 어린 오빠를 업고 먼 길을 함께 걸어오셨다. 아버지는 '며칠 견딜 쌀 몇 됫박, 찬바람 막아줄 이브자리, 보고플 때 꺼내볼 부모님 흑백사진, 평생 밥벌이가 되어준 교원자격증' 등을 물건이 쏟아지지 않게 앉은뱅이책상에 차곡차곡 쟁여 등에

진 후 끈을 가슴에 단단히 매어 피란길을 떠나셨다. 부모님은 숨 한 번 크게 쉬지 못하고 3.8선을 넘고서야 겨우 큰 숨을 몰아쉬었다고 한다. 사람의 등에 지고 온 살림살이가 오죽했으랴.

그 당시 아버지는 23살의 청년 나이에 당신 부모님과 생이별을 하고 월남을 감행하였던 것이다. 아버지는 그 후 60여 년 동안 부모님 얼굴 한 번 뵙지 못하고 세상을 뜨시고 말았다. 그 설움과 한이 얼마나 뼈에 사무치셨을까? 아버지는 집안에 좋은 일이 있을 때마다 부모님의 그리움에 혼자 돌아서서 눈물을 훔치곤 하셨다. 그 모습을 생각하면 늘 마음이 짠해서 울컥해지곤 한다.

여기서 순망치한(脣亡齒寒), 즉 '입술이 없으면 이가 시리다'라는 뜻의 고사성어를 다시금 깊이 새겨본다. 서로 의지하고 있어 한쪽이 사라지면 다른 쪽의 안전을 확보하기 어려운 관계를 나타내는 말이다. 우리 자매들에게는 부모님은 우리의 이가 시리지 않게 해준 입술이었음을 깨닫게 된다. 부모님은 당신의 부모님과 생이별 하고 사선을 넘어오셔서 자유로운 대한민국에서의 삶을 선택하셨다. 그 때문에 남쪽나라에서 태어난 우리 네 자매들은 탈북자가 되지 않고 부모님 그늘에서 지금까지 굶지 않고 살 수 있었다. 그러니 부모님에 대한 고마움과 감사함을 늘 절절히 느끼고 가슴에 새기게 되는 것이다.

나는 간호장교로 8년, 초등학교 보건교사로 22년, 도합 30여년 직장생활을 하고 작년 8월에 정년퇴임을 하였다. 생각해보니 직장에 다닌다는 핑계로 친정에 큰 일이 있을 때만 일 년에 한두 번 내려가곤 했다. 그럴 때면 나는 알량한 돈 몇 푼 내밀며 손님처럼 얼굴 한 번 보여주곤 제 할일을 다했다는 듯 얌체 짓을 했다. 부모님은 두 분 다 2,3년간 치매를 앓다 돌아가셨다. 부모님 근처에 사는 세 자매들이 수시로 드나들면서 부모님 입맛에 맞는 음식을 해드리고, 목욕도 도와 드리고, 말벗을 해드리는 등 급한 일이 생길 때마다 말없이 애써 온 것을 생각하니 다시금 순망치한의 고사성어가 떠올려진다.

부모님이 쓰러지시고, 입원하시는 등 긴박한 상황에서도 직장에 다니는 내게 언니들은 늘 "우리가 다 해결했다. 너는 그렇게 알고 맘 편히 먹고 있어라."라고 말해주었다. 그 당시에는 깨닫지 못했는데 요즘 들어 생각하니 세 자매들의 나에 대한 배려와 어질고 푸근한 마음 씀씀이가 왜 그리도 고맙고 감사한지, 시간이 지나가면 갈수록 더 깊이 느껴진다. 세 자매는 내 이가 시리지 않게 해준 입술이었다는 것을 절감한다.

올해도 어김없이 부모님 산소에서 네 자매들이 만났다. 나는 미리 내려가기 전에 세 자매에게 하나씩 줄 감사패를 정성들여 만들었다.

큰언니에게는 "그대는 어려운 시절에 태어나 칠순을 맞이하는 지금까지 건강하게 잘 살아온 긍정의 아이콘으로서 온 세계를 내 집 안방 드나들 듯이 자유로이 여행하며 통 큰 마음을 키우고 동생들에게 늘 따뜻하고 푸근한 친정엄마 같은 마음으로 대하니 그 어진 마음에 사랑과 감사를 담아드립니다."

수선집을 하는 둘째언니에게는 "그대는 심(沈)자매의 둘째로 태어나 어려운 시절 이름 없이 빛도 없이 헌신하며 살아온 배려의 아이콘으로서 의사를 길러낸 장한어머니로 마음 씀씀이가 어질어 언니 동생들에게 늘 따뜻하게 베풀고 이웃에게도 딱딱 맞는 옷으로 잔잔한 기쁨을 선사하는 놀라운 재주와 그 아낌없는 마음에 사랑과 감사를 담아드립니다.

막내 동생 남순이에게는 "그대는 심(沈)자매의 막내로 태어나 회갑을 맞이하는 지금까지 건강하게 살아온 사이다 아이콘으로서 속 시원한 촌철살인의 언어를 구사하며 맏며느리로서 품위를 지키고 마음 씀씀이가 어질어 언니들에게 잘 대하고 빈틈을 채워주니 그 예쁜 마음에 사랑과 감사를 담아드립니다."라고.

예쁜 편지지에 프린트하여 금일봉과 함께 전달하였다. 성묘 마치고 식당으로 이동하는 자동차 속에서 감사패 내용을 읽어주며 그 고마움을 전하니 순하고 착한 심(沈)자매들이 한마음이 되어 손수건을 찾아 눈물을 훔치느라 부산하다. 자기가 베푼 것보다 받은 사랑에 감사하는 심(沈)자매들 네 명이 있기에 나는 오늘도 이가 시리지 않고 행복하다.

웃음친구 일천 번에 감사

우리 집에는 매일 저녁 7시경이면 어김없이 어머니께 전화를 드려 "어머니 감사합니다! 어머니 사랑합니다! 어머니 고맙습니다!"하며 '하하하하' 어머니와 웃음친구를 하는 김석명 아들의 목소리가 집안 가득 퍼집니다. 어머니와 웃음친구를 시작한지가 벌써 7년째 일천 번이 넘어서고 있습니다. 구순이 넘으신 홀로 계시는 어머니의 외로움과 적적함을 웃음으로 한 방에 날려드리고 어머니의 얼굴에 웃음꽃을 환하게 피워드리는 65살 아들의 그 마음이 너무 절절하여 그 웃음소리를 듣다가 같이 웃고 때로는 같이 울기도 합니다.

어머니께서도 처음에는 아들이 웃자고 청할 때 같이 웃지 못하시고 웃음이 나와야 웃지 하시면서 어려워하시더니 요즘은 아들과 박자를 맞추시고 잘 웃으십니다.

"사랑합니다. 고맙습니다."라고 하시면서 하하하하, 그냥 웃으십니다. 저녁 7시경 어머니는 혹시 아들 전화를 못 받으실까봐 전화기를 옆에 두고 기다리십니다. 좋으나 싫으나 아들을 사랑하는 마음으로 최선을 다해 웃음친구에 응답하시는 어머니의 깊은 사랑에 감사드립니다.

조득출 시어머니와 제 남편인 김석명 아들의 웃음친구 일천 번을 칭찬합니다. 세상에 그 어떤 아들도 어머니와 1,000번 이상 웃음친구를

하기는 어려울 것입니다. 매일 하루 2분의 웃음친구를 하면서 어머니의 얼굴에 주름살도 펴드리고 마음에 걱정과 근심도 사라지게 하는 아들의 진실한 마음과 성실함은 감동 그 자체입니다.

어머니와 아들의 웃음친구 일천 번을 기념하여 온 가족을 대표하여 이 감사패를 드리오니 항상 건강하시고 웃음과 감사와 사랑이 넘치시기를 기원합니다.

- 2019년 1월 18일. 심순영 드림

울 언니 사랑하기

울 언니와 나는 6살 차이가 나고요. 그 사이에 딸이 한 명씩 더 있어서 도합 못난이 네 자매랍니다. 그 옛날 좁은 방에 딸 넷이 함께 살았습니다. 안방은 부모님이 쓰시고 좀 더 큰방은 오빠 혼자 살았습니다. 왜 큰 사랑방과 좁은 우리 방을 바꿀 생각조차 하지 않았는지 모르겠어요. 알게 모르게 후남이와 귀남이로 살았습니다. 그래도 옆집 할머니가 저희 집 창문에 항상 귀를 대 보셨대요. 늘 웃음소리가 끊이질 않아서 너무 부러워서 그러셨다더군요.

그 후 사랑방에는 올케가 들어와 살았기 때문에 울 식구는 도합 여덟 식구가 되었지요. 큰언니(구구)와 저(콩순이)는 일단 외모가 엄청 닮았습니다. 그러나 나머지 두 딸은 또 영판 다른 판을 하고 있습니다. 제 기억으로 언니는 책을 손에서 놓지 않았던 것 같습니다. 언니가 읽던 책을 저 또한 따라 읽고 언니가 읽던 시집을 저 또한 따라 읽었습니다. 밤마다 이부자리 끝에서 자려고 눈치작전을 피기도 했습니다.

울 언니가 시집가기 전날 밤은 한겨울이었는데 둘째언니가 디자인하고 손수 만든 큰언니 웨딩드레스에 구슬 다느라고 자매들이 달려들어 밤을 지새웠던 기억도 납니다. 결혼식 날 형부네 동네 마을회관에서 동네 사람들이 "신부보다 신랑이 더 이쁘당께", "신부가 너무 씩씩하네"

라고 저마다 한마디씩 내던집니다.

저, 이 말에 열 받아서 사실 언니네 시댁 동네 분들 별로 좋아하지 않았습니다. 결혼식 끝나고 신부가 드레스 입은 채 형부네 집에 들어서는데 어떤 이가 부정 타지 말라고 큰 수탉을 새색시 앞으로 휙 하고 던지는 통에 저희 식구 모두 간 떨어지는 줄 알았습니다. 그날 울 언니를 유성 구즉에 떼어놓고 돌아서는데 근엄하신 울아버지께서 돌아서서 눈물을 보이시는 통에 우리식구 모두 우울했던 기억도 납니다. 울언니 엄청 씩씩합니다. 처녀 시절부터 하이킹 다니기 좋아하고 등산 다니기 좋아하던 언니는 새색시가 되어서도 오토바이 타고 논에 새참해서 나르고 큰살림을 척척 잘 해내고 살더라구요.

지금은 위험물취급기사자격증도 있는 걸로 압니다. 5형제 맏며느리로 큰집 살림을 하면서도 마을부녀회장에 학교어머니회장에 친정에서는 큰딸 노릇까지 무리 없이 잘 해내는걸 보면 맏자식은 하늘이 낸다는 말은 절대 틀린 말이 아닌 듯 합니다. 언니의 나이 들어가는 모습을 보며 미래의 제 모습을 미리 보는 듯 싶습니다.

울 언니 건강하게 늘 제 곁에서 힘이 되어주길 소망합니다.

- 사랑하는 셋째 동생 콩순이가

울 오빠 사랑하기

내게는 12살 차이가 나는 나와 띠동갑인 오빠가 한 명 있다. 당시에는 많이 배운 아버지를 일자무식인 우리엄마와 억지로 짝을 맞춰준 부모님에 대한 반항으로 우리 엄마를 3년간이나 독수공방을 시킨 끝에 얻은 귀한 아들이 우리 오빠다. 황해도에서 해방둥이로 태어난 울오빠는 3살 때 엄마 등에 업혀 삼팔선을 넘어 월남했고 등에 업혔던 어린 오빠를 내려놓으니 추운 날씨에 밤새 걸어오느라 애기 머리가 서걱서걱 얼었더란다.

'어미가 되가지고 수건으로 머리 감싸줄 정신도 없었는지 원…….' 혀를 끌끌 차시며 그래도 어린 오빠가 울지 않아서 세 목숨 살렸다고 지금껏 우리엄마는 칭찬이시다. 내게 있어 오빠는 아버지보다 더 무섭기도 했지만 셋째여동생인 나를 참 많이 이뻐해주었다. 맨날 날 보고 "쪼다 쪼다"라고 해서 나는 내가 정말 지지리도 못난 쪼다인 줄 알았다. 그것이 당시에는 사랑의 또 다른 표현이요. 관심이라는 것을 나도 이제는 알 나이가 되었다. 지금은 대전에서 한 대학의 교수로 있는 울오빠는 볼 일이 있어 서울에 올라오면 항상 내게 전화를 해준다.

"오래비다, 별일 없지?"

단순한 그 전화 한 통이 어째서 나를 늘 기분 좋게 하는지 나는 그 이유를 모르겠다. 내려가지도 못해 전화조차 미루고 있는 동생마음을 헤아리는 듯 어버이날에도 부모님과 식사를 하고 오빠는 또 내게 전화를 했다.

"오래비다. 어머니 아버지 모시고 식사했다."

오빠의 전화 한 통이 또 한 번 나를 살려주는구나……. 연로하신 부모님 세상 떠나시면 그 오빠가 이젠 나의 부모 역할을 하게 되겠지……. 외동아들로 태어나 능력 없는 아버지 대신 4명의 여동생을 결혼시키고 집안 살림을 책임지며 살아온 오빠다. 뒤늦게 공부하느라 머리가 하얗게 세어버렸지만 내 눈에 아직도 울오빠는 가장 참신하고 멋있는 남자로 보인다.

"오빠는 박력이 없고……. 재미도 없어요."

내게는 대단한 오빠를 흉보는 올케를 보면 나는 이해가 안 되어 마음이 아프고 올케가 미워질 때가 있기도 하다. 시누이 앞에서 남편 흉보는 일은 제 살 깎아내리기에 불과하다는 것도 내가 올케가 되고 보니 터득한 삶의 진리 중에 하나이다.

아버님께

세월이 빠르다고들 말들 하지만 제 나이가 벌써 아버지가 선명히 기억나는 초등학교 2~3학년 때에 아버지의 나이에 이르고 보니 지나간 시간들이 아쉽고 그리워집니다. 힘들고 어려웠던 세월들을 용케도 견디시고 가난 속에서도 저희들에게 늘 바른 말씀으로 훈계해주신 아버지의 올곧은 성품으로 인하여 지금까지 살아오면서 성실하고 일 잘한다는 소리를 들으며 반듯하게 살아오고 있습니다.

간호장교 시절에 마산, 서울, 인제, 춘천 어디서 근무할지라도 저는 늘 밤 10시를 넘기지 않고 다니려고 노력했는데 그 이유는 그때 제 마음 속에 보이지는 않지만 아버지께서 언제나 나를 지켜봐주고 계신다는 생각을 품고 있었기 때문이었습니다. 고등학교 시절에 공부 안하고 클럽활동과 교회일로 돌아다닌다고 아버지께서 야단쳐주시던 것이 훗날 저 자신을 스스로 지켜나가는 버팀목이었다는 것을 솔직히 고백합니다. 그래서 저는 아버지께 늘 감사하고 있습니다. 너무 자기 앞길을 혼자 개척하고 해결하다보니 결혼할 때에도 아버지의 마음을 헤아리지 못하고 모든 일들을 제가 하고 싶은 대로 해버려서 아버지께서 조금은 섭섭했으리라는 아쉬움이 남습니다.

결혼 후에 아이를 두 번이나 잃고 왕수를 낳았을 때 포대기를 사가지고 엄마와 함께 서울 저의 신혼집에 처음으로 오셔서 왕수를 보시고 "너야말로 옥동자로구나."하시며 좋아하시던 모습이 눈에 선합니다. 자식이란 어릴 때 품 안에서 재롱 피울 때만 효도하고 평생 애물단지인 모양입니다. 시집간 딸이 두 번이나 아기를 잃었으니 엄마와 아버지께서 얼마나 걱정을 하셨을까 제가 자식을 낳아보니 이제야 그 마음을 헤아릴 것 같습니다. 왕수를 임신하고 7개월쯤 또 배가 아프고 조산 기운이 있어서 병원에 휴가를 내고 집에서 쉬고 있는데 일하던 사람이 갑자기 아무것도 하지 않으려니 너무 심심하고 또 조산할까봐 불안하기도 하여 처음으로 성경책을 처음부터 끝까지 매일 매일 읽게 되었습니다.

제가 여고 다닐 때 아버지께서는 내가 교회에 나가는 것을 싫어하셨지만 감사하게도 눈 감아주셔서 가끔씩 교회 다니던 것이 제가 힘들고 의지할 것 없을 때에 얼마나 큰 힘이 되었는지 모릅니다. 그 힘든 시절에 제가 결혼식을 올린 교회의 할머니 전도사님이 한 분 계셨는데 거의 매일 저를 찾아오셔서 아기가 잘못 될까봐 노심초사하고 있는 저에게 간절하게 기도해주시고 엄마와 같이 저를 안아주시면서 위로와 평안을 주셨습니다. 그분이 저의 집에 오시기만을 매일 기다리면서 약해지는 마음을 추스르고 위안을 얻기도 하고 감사와 감동의 눈물을 흘리기도 했습니다.

저는 육신적으로는 아버지께서 잘 키워주셔서 이렇게 반듯하게 잘 살고 있지만 제 영혼은 하나님을 믿으면서 힘들고 어려울 때마다 하나님께 기도하고 의지하고 살아갈 수밖에 없었습니다. 그 하나님 때문에 사실 저는 아무리 힘든 고난이 와도 기쁘게 모든 일들을 해결하면서 지금까지 살아왔습니다.

그런데 요즘은 엄마와 아버지를 위해서 늘 기도하게 됩니다. 아버지께서 하나님을 믿으시고 구원받아서 누구나 한 번은 떠나야하는 이 세상을 떠나신 후 꼭 천국에 가셔야 하기 때문에 정말 쉬지 않고 기도하고 있습니다. 가족모임에서 아버지께서 가끔 눈물을 흘리실 때 저는 사실 마음속으로 더 많이 울었습니다. 아버지께서 구원을 모르시고 천국에 가지 못하면 어쩌나 하는 것 때문에요. 아버지 저의 온 마음과 정성을 다해 아버지께 말씀 드리고 싶어요. 제가 믿는 그 좋으신 하나님을 아버지께서 꼭 만나시고 믿게 되기를 소원합니다. 제가 보내드린 황수관 박사와 미타니 야스또 회장의 신앙 간증을 꼭 들어보세요. 미타니 야스또씨는 일본의 유명한 화장품 회사 회장이신데 저희 교회에 와서 신앙 간증한 것을 녹음한 것입니다. 아버지께서 일본말을 잘 아실 것 같아서 특별히 보내드립니다.

끝으로 저는 아버지를 정말 사랑하고 존경합니다. 제가 아버지의 셋째 딸로 태어난 것을 감사하고 또한 아버지께서 저를 얼마나 자랑스럽게 여기시는지도 잘 알고 있습니다. 아버지 이렇게 건강하게 저희 딸들의 버팀목이 되어주심도 정말 감사드립니다.

- 2003년 8월. 서울에서 셋째 딸 순영이가 드림.

오빠의 비밀수첩

내가 초등학교 시절 띠 동갑인 나의 오빠는 대학생이었다. 1남 4녀로 엄마에게 우리 오빠는 귀남이었고 4녀 중 셋째 딸인 나는 후남이었다.

어느 날 우연히 집안의 자랑인 대학생 오빠의 비밀수첩을 보게 되었는데 '석란이와 만났다.', '석란이와 걸었다.', '석란이와 저녁을 먹었다.' 등, 자세한 내용은 지금 기억나지 않지만 분명한 것은 오빠가 가끔씩 석란이라는 여성과 만나고 있으며 그 여성이 오빠의 여자 친구라는 사실이었다.

여동생이 줄줄이 4명이나 있는 오빠가 순애, 순희, 순영, 남순 등 이런 이름이 아닌 난초 같은 이름을 가진 석란이와 만나다니 그녀가 누구인지 너무나 궁금했다.

엄마에게 이 사실을 고자질하고 석란이가 누구인지 알게 되었는데……, 그녀는 오빠의 초등학교 동기동창생으로 아주 똑똑하고 야무져서 논산 부적초등학교 졸업할 때 우리 오빠를 제치고 교육감상을 받은 여학생이었다. 엄마는 "석란이 때문에 오빠가 교육감상을 못 받았다"고 늘 아쉬워하셨다.

오빠의 초등학교 동창이었던 이 윤석란 학생이 바로 스승의 날을 만든 주인공이다. 스승의 날은 강경여고 JRC(청소년적십자) 단원들이 병환 중에 계신 선생님 위문과 퇴직하신 스승님들을 찾아뵙는 활동을 한 것이 계기가 되어 1963년 5월 26일을 <은사의 날>로 정하였고 1965년에는 세종대왕 탄신일인 5월 15일을 <스승의 날>로 변경하여 기념하게 되었다고 한다. 당시 윤석란이라는 학생이 강경여고 JRC 대표였고 이 학생이 청소년적십자 전국회의에서 발의하여 처음으로 스승의 날이 생긴 것이다. 그 후 윤석란 학생은 나의 올케가 된 것이 아니라, 가톨릭에 귀의하여 수녀님이 되었다.

한때는 스승의 날이 교사들이 가장 싫어하는 날이기도 했었으나 김영란 법이 생긴 지금은 이렇게 교사들의 생일날이 되어 서로 격려하고 축하하는 날이 되어 있으니 얼마나 다행인지 모르겠다.

지식전달보다는 창의성과 인성이 중요시되는 시대에 교사들은 제자들에게 무엇을 남겨야할지 많은 고민이 있다고 생각된다. 머리가 아닌 가슴으로 제자들을 바라본다면, 부족한 제자에게 한 번 더 기회를 줄 수 있고, 결핍이 있는 제자에게 한 번 더 사랑을 줄 수 있고, 뒤처지는 제자에게 걱정보다는 박수를 보낼 수 있다고 생각한다. 우리 모두 잘난 교사보다 좋은 교사가 되기를 희망하며 이 시대에 사람다운 사람을 길러내는 좋은 교사들이 되기를 기원해본다.

5부

삼진 아웃과 쓰리런 홈런

남편의 회갑을 축하하며

이번 설 연휴는 목, 금, 토, 일로 이어지는 황금연휴라서 명절을 쇠고 올라와서도 여유가 있었다.

구정 다음날, 정월 초이틀 날이 남편 생일이라서 구정 때가 되면 나는 늘 맘이 분주하다. 말띠인 남편은 올해가 회갑이 되는 해라서 더욱 신경이 쓰였지만 요즘 누가 회갑을 하냐면서 간단히 넘어가기로 했기에 그나마 맘이 편했다. 그러나 무심하게 넘어갈 수도 없어 속마음은 역시 분주했다.

시골에서 서울 올라오려고 짐을 싸는데, 가족들 식사할 때 쓰시라고 큰집 조카가 봉투를 내민다. 얼마 전 직장에서 제주도여행을 간 딸내미는 편지와 함께 면세점에서 아빠시계를 미리 준비한 것 같다. 아무런 반응이 없는 아들놈은 살짝 옆구리를 찔렀더니 고민을 하기 시작하더니 아빠 방을 휘익 둘러본다. 아빠 방을 스캔해본 결과 아빠에게 꼭 필요한 것이 서류가방이라는 것을 눈치 채고 준비하겠단다.

삼성역 근처 조용한 한정식 집에서 서울에 사는 남편의 직계가족 15명이 모두 모였다. 구정을 시골에서 같이 보내고 올라 온 다음날에 다시 만난 것인데도 만나면 여전히 반갑고 새롭다. 산사춘을 한 잔씩 돌리고 건배를 하고, 식사 후 동생들 3명이 함께 했다면서 양복 한 벌 값

정도의 상품권을 준다. 이어서 딸내미가 시계를 아들놈이 가방을 선물로 내미니 남편이 수줍어 어쩔 줄을 모른다. 아들놈이 가방 속에 편지 대신 보고서를 한 통 넣었다고 해서 집에 와서 찬찬히 읽어보니 자기가 이번에 대학원에 들어와 어떤 연구를 할 것인지에 대해 상세히 적고 아빠가 자기 곁에 계신 것만으로도 아빠는 자기 마음속 등대와 같은 존재라는 것과 아빠를 존경한다는 글이 보고서의 결론에 적혀 있었다. 살짝 감동받았다.

나는 물량공세는 하지 않고 남편을 만나 올해로 결혼 30주년을 함께 사는 동안 삶의 애환 속에서 내가 받은 30가지 감동이야기를 에피소드 형식으로 A4 6장에 적어 남편에게 선물로 주었다. 나만이 아는 나만의 감동스토리였지만, 함께 공감하기를 원했기에 기록으로 남겨보았다. 남편도 감동 받은 듯 제일 좋은 선물이었다고 말해줬다.

내 주머니에서는 돈 한 푼 안 나가고 이렇게 남편의 회갑이 넘어 갔네…….

늦은 밤 딸과의 대화

갑자기 날이 추워져서 모처럼 학원에 간 딸내미를 데리러 갔다. 돌아오는 차 속에서 딸아이가 라디오를 켠다.

MBC FM의 이소라의 <음악도시>!

뭐라 설명할 수 없는 음색의 목소리에 자연스런 멘트 대본 넘기는 소리까지 자연스럽기가 옆집 언니 같다.

딸 : 엄마 나는 이소라 목소리가 너무 좋아.

엄 : 나는 네 목소리가 좋더라.

딸 : 내 목소리는 너무 애기 같아서 싫어.

엄 : 뭐라구?(이소라 흉내를 내며…….)

딸 : 분위기 있고 구수하고 좋잖아.

그때 「좋은 사람 있으면 소개 시켜 줘」라는 노래가 경쾌하게 흘러나와서 우리는 서로 몸을 흔들면서 집에 거의 왔을 때다.

딸 : 엄마 아빠 만나서 춤추러간 곳이 어디라고?

엄 : 고고장?

딸 : 맞다. 고고장……. 근데 아빠는 춤 어떻게 춰?

엄 : 음, 이렇게?(집 앞에 주차 시켜 놓고 차 속에서 춤을 춘다)

딸 : 너무 재밌다.

모녀는 서로의 의자를 완전히 뒤로 젖히고 온몸의 힘을 빼고 누워서 음악에 맞춰 몸을 흔들면서 하루의 피로를 풀었다.

남편의 생일

남편의 52번째 생일이다. 설 다음날이라 어느 누구도 잊어버릴 수 없는 얄미운 생일, 물가 비싸고 날씨 춥고 야채 귀하고 슈퍼도 문을 닫는데 불편을 감수하고도 나는 그의 생일상을 늘 차린다. 내 남편의 권위를 위해서 그의 기를 살리기 위해서…….

올해는 남편이 무릎고장으로 누워있는 고로 동생네 식구들이 오지 말라고 해도 올 판이라 여러 가지 음식들을 미리미리 장만했다. 갈비 굽고 전 부치고 나물 무치고 미역국에 간장게장까지 우리 남편 흐뭇한지 입이 귀에 걸려있다. 자기는 윷판에 끼지도 않으면서 개 나와라 걸 나와라 네 가족이 리그전으로 윷놀이 하는데 자기가 더 신났다. 그렇게 신나서 웃는 남편이 오늘 아침에 세 번이나 뜨거운 눈물을 흘린 사실은 아무도 모를 거다. 새벽에 내가 책상에 써 놓은 편지 읽고 한 번, 딸내미 깨운다고 그 방에 들어갔다가 딸내미가 아빠에게 써놓은 편지보고 두 번, 통 하고 던져놓은 아들놈 편지 읽다가 세 번 울었다.

내가 막 놀렸지. 당신은 평생 남자가 이 세상에 태어나서 나라 잃었을 때 부모 잃었을 때 친구 잃었을 때 딱 세 번 울어야 한다는데 오늘 다 울어버렸네? 아들놈 써 놓은 편지를 몰래 보니 아빠 업고 계단 올라오는데 아빠가 너무 가벼워서 이제 더 이상 아빠를 의지해서는 안 되겠다고 쓰여 있었다. 정신 차리고 공부 열심히 하겠노라고……. 우리 딸은 오빠가 아빠를 업고 계단 올라오는 것을 도저히 바라볼 수가 없어서 방에 가서 눈물을 쏟고 나왔노라고 제발 아빠 술 드시지 말고 너무 열심히 사시지 말라고 썼고 나야 당연히 가슴 촉촉이 적시는 편지를 써주었다.

이렇게 눈물과 웃음이 범벅이 되어 오늘을 마감했다.

울 아들 사랑하기

고3인 아들놈은 요즘 심통바가지다. 짜증이 가득 묻어있는 얼굴로 입을 삐쭉 내밀고 무슨 말을 해도 돌아오는 말은 "몰라" 아니면 "엄마 맘대로"라고 한다. 평소에 모자지간에 사이가 좋았던 터라 내 마음도 상하고 늘 우울해서 저 녀석을 콱 어찌해보고 싶은 마음이 불쑥불쑥 올라오는 것을 꾹 참고 며칠이 지났다.

드디어 어제 밤에 우리는 짜증의 보따리를 풀었다. 일찍 귀가한 남편과 산보를 나갔다가 10시에 학원이 끝나는 딸내미를 데리러간 것이 아들놈의 심통에 불을 지펴서 그만 터진 것이었다. 9시에 야자를 끝내고 집에 온 아들놈이 마침 키가 없어서 집에 들어가지도 못하고 계단에 쭈그리고 있다가 엄마에게 연락하니 아빠와 함께 동생을 데리러 갔다는 소리에 그만 질투와 함께 화가 나서 견디기 힘들었던 모양이었다.

"내가 지금 얼마나 힘들고 지쳐있는데 엄마는 부현이만 생각하고 집에서 기다려주지도 않고 학원등록도 제 날짜에 안 해주고……. 고3이 또 오는 것도 아닌데 내 생각은 조금도 안 해주고 맨날 부현이 부현이……."하면서 안경을 벗더니 눈물을 찍어내는 것이 아닌가.

으매 그제서야 나는 정신이 번쩍 나서는 이대로 두어서는 안 되겠다 싶어 아들의 머리를 끌어안고 "엄마가 너무 너한테 신경 못써서 미안하다. 네가 매사에 스스로 잘하니까 그렇게 힘들어하는 줄 정말 몰랐다. 오늘 아빠하고 족발 잘하는 집이 있다고 해서 힘들어하는 너 생각해서 사러 갔는데 너무 늦어서 문을 닫았더라. 간 김에 부현이 픽업해서 온 거였어. 일부러 데리러 간 것이 아니고…….”라고 했다.

진심으로 아들아이의 벌어진 등판을 두들기면서 어미가 다가가니 조금 풀어지는 듯하면서 씨익 웃음을 짓는 것이었다.

우리 아들이 아직 이 수준임을 부끄럽지만 밝혀본다.

“으이구, 고3 엄마의 하루가 이리도 힘들고 어렵구나!”

퇴근길에 딸과 데이트

지하철을 타고 퇴근길이면 나는 일원역에 내려야 하는데 일단 세 정거장 전인 대치역에 내린다. 특별한 이유는 없다. 시간을 내서 운동하기에는 마음의 여유가 없다보니 1년 회원권을 끊어놓은 지하 골프연습장도 열심히 못가고 정기적으로 해야 할 일들이 늘 나를 압박하는 통에 어차피 집에 가는 길에 미리 내려서는 운동 삼아 걷는 것이다.

월요일과 수요일에는 방과 후 수업을 하는 경기여고에 다니는 딸내미와 끝나는 시간이 비슷해서 요즘은 중간지점에서 만나서 양재천을 걷기도 하고 같이 저녁거리 장도 보고 출출하면 길거리 포장마차에서 애들처럼 어묵도 사먹고 하루 동안 일어난 일들을 수다로 풀어내면서 하루의 피곤을 녹인다. 딸내미는 영어단어가 빼곡히 적힌 프린트 한 장을 뽑아들더니

"엄마! 우리 담임 성격 진짜 화끈해……. 이것 봐요."

거기에는 이름 (　　)을 묻는 란에 누구냐 (　　)라고 적혀 있었다.

1학기통지표에 적힌 담임의 코멘트는 한 마디뿐이다.

"성실 그 자체입니다." 얼마나 간결하고도 멋진 말인가! 초등학교에 있다 보니 쓸데없이 너절하게 이말 저말을 나열하는 경우를 많이 보는데 한마디를 해도 그 아이의 학교생활을 대변할 수 있는 말이면 족하다

는 생각이다.

오늘은 수요일이다. 아침에 우리 모녀는 헤어지면서 또 즐거운 약속을 한다.

"엄마! 알지? 대치역 내리면 휴대폰 해……."

"알았어!"

아들을 군대 보내고 나서

아들을 군대에 보내고 나서 울고불고 하는 사람들을 보면서 여자인 나도 군대생활 잘 하고 나왔는데 뭘 저렇게 수선일까 싶었다. 아들이 지난 2월 24일 광주에 있는 31사단 신병교육대에 입대했다. 내려갈 때만 해도 아무렇지도 않았는데, 아들이 너무 경직 되어 뻣뻣해지는 것을 보니까 좀 안쓰러웠다. 그런데 서울 올라와 아파트 현관 앞에서 남편이 "금덩이 하나 떨구고 온 것 같다."고 하는 소리에 그만 눈물방울이 떨어진다.

요즘은 인터넷의 엄청난 진화로 인해서 부모가 쓴 편지를 받아본 아들이 답장으로 직접 쓴 편지를 정훈 장교가 사진으로 찍어서 홈피에 올렸다. 아들놈 필체가 확실한 것을 보고 세상 참 빠르구나 싶었다. 그런 귀한 아들들이 아파서 통합병원 입원해 있을 때 좀 더 따뜻하게 정성을 다해서 잘해줄 걸 하는 아쉬운 생각도 든다. 아들이 있는 부대 홈피에 자주 들락거리다보니 우리 홈피에 좀 소홀한 느낌이 든다.

역시 사랑은 한마음뿐인가 보다!

삼진 아웃과 쓰리런 홈런

야구 이야기가 아니고 우리 딸내미 이야기다. 작년에는 시험을 망쳐서 지망한 세 군데 대학을 다 떨어지더니, 올해는 지원한 3개 대학 모두 합격을 했다. 또 떨어질까 봐 하향지원 1개, 적정한 대학 1개 그리고 조금 점수를 높여서 숭실대학교 사회복지학과를 지원했는데 어제 밤에 숭실대에서 3차 추가합격 했으니 등록하라는 전화를 받았다. 그 밤에 아들 왕수가 나가서 케이크를 사오고 축하송을 불러주었다.

마지막 합격자가 되어 문을 닫고 들어가는 행운을 얻었으니 이보다 더 좋을 수는 없지 싶다. 숭실대가 뭐 그리 좋은 대학이냐고 반문할지 모르지만 우리 딸내미는 서울에 있는 남녀공학대학을 가는 것이 재수하는 목적이었기 때문에 자기의 목적을 이룬 것이라고 할 수 있다. 아들놈이 제 동생과 머리를 맞대고 대학입학원서를 같이 쓴 이후로는 부현이를 부를 때마다 “08숭실” “08숭실” 구호를 불러서 웃고는 했다. 마침내 “08숭실”이 현실로 다가오니 마냥 기쁘고 만감이 교차한다.

고2 때부터 살이 빠지더니 한 10kg의 살이 빠져서 바싹 마른 딸이 끝까지 좌절하지 않고 대학의 문을 성공적으로 열고 들어가서 이보다 더 고마울 수가 없다. 대학이 인생의 전부가 아니고 시작에 불과지만 시작이 반이라 하였으니 이제 제 갈 길을 찾아가겠지 싶은 마음이다. 3

년 동안 수험생 엄마노릇을 하느라고 실은 마음고생을 좀 했는데 마지막은 "감사"라는 말 한마디로 결론지을 수 있어서 행복하다.

엄마냄새

어제 월요일은 학교가 하루 쉬는 날이었다. 정말 큰 맘 먹고 왕수와 부현이를 데리고 대전 친정엘 갔다. 부현이를 고2 때쯤 보시고 3년이 넘도록 그놈에 대학이 뭔지 여유가 없어서 아이들이 대전에 가질 못해 우리 아이들을 보고 싶어 하셔서 왕수는 지난번 한 번 찾아뵈었지만 세 식구가 다같이 내려갔다. 아이들은 외할아버지 할머니께 절을 하고 청소를 해드렸다. 나는 부엌을 정리하고 점심 후에 엄마 은행정리도 해드리고 올라오기 전에 콩국수를 말아서 든든히 배를 채우고 올라왔다. 노인양반들은 그저 잘 먹어주는 것이 최고의 효도라서 요즘 아들과 나는 먹는 것을 많이 절제하는 편인데도 어제 하루는 절제하지 않고 즐겁게 먹었다.

올라오는데 이것저것 챙겨주신다. 갓 짜온 들기름 2병, 구워먹기 좋게 정리한 참조기와 갈치 그리고 지금 입고 있는 주홍색 티셔츠, 짐을 풀다가 이 티셔츠에 엄마냄새가 배어있어서 입어보았다.

엄마 방에서 묻어온 엄마냄새가 얼마나 진하게 나는지 그 냄새가 날아갈까 봐 사진에 박아두었다.

아, 나만 아는 엄마냄새!

아들의 잠재력

8월 중순에 아들놈의 한심한 성적표가 우편으로 왔다. 말하기도 싫을 정도로 낮은 성적에 말문이 막혔다. 1학년 때 성적이 낮아서 2학년 때는 성적을 올리기로 약속을 했었는데 1학년 때보다 더 낮은 성적표를 받았으니 아빠에게 보이지도 못하고 끙끙 앓는 아들놈에게 그러게 공부 좀 열심히 하지 하고 잔소리를 해댔다. 문제는 남편에게 성적표를 보여야만 2학기 등록금을 타 낼 수 있는데 차일피일 미루다가 등록 마감일(22일)이 되어서야, 그것도 출근하는 남편에게 할 수없이 성적표를 보여주었다.

아들놈의 한심한 성적표를 받아든 남편은 안색이 변하더니 그 자리에서 좌악 찢어서는 쓰레기통에 던져 넣으며 "2학기 등록금 못 준다고 그래!"라며 나가버린다. 아들이 상처받을까봐 '아빠가 성적표 찢었다'는 소리도 못하고 나도 당직이라 급하게 출근을 하였다. 한 12시경에 아들놈이 마음이 급해져서는 전화를 했다. 그래서 이런저런 궁리 끝에 아들에게 편지를 쓰라고 제안을 했다. 진솔한 너의 마음을 담아서 그동안 아빠에게 못했던 말도 하고 변명할 것이 있으면 변명도 하고 정성을 다 해보라고 했더니 3시경에 아들놈이 쓴 편지를 우선 내게 보내왔다.

글의 내용인즉슨 자기가 군대 가기 전에 자기의 잠재력이 어느 정도인지 2학기 성적표로 아빠에게 확실히 보여주고 가겠노라면서 그동안 열심히 노력하지 않아서 죄송하다고 이제는 아빠를 실망시켜드리지 않겠노라고 아주 눈물겨운 심정을 토로하는 편지였다.

아빠에게 편지를 메일로 보내고 문자를 넣어서 읽어보라고 하고는 우리 모자는 카운트다운에 들어갔다. 정확히 30분 후에 등록금을 보냈으니 등록하라고 아들놈 공부 좀 제대로 시키라면서 남편에게 전화가 왔다. 등록 후 한 이틀쯤 지난 후에 많이 느긋해진 남편과 대화를 하면서 나는 메일 내용을 전혀 모르는 척 아들놈 흉을 왕창 보았다.

"뭐, 그런 놈이 있는지 원……."

"공부를 너무 안 해요. 아빠랑 엄마가 얼마나 애쓰고 사는지 녀석이 조금만 안다면 그럴 수는 없어. 나쁜 놈!"이라 했더니 한참을 듣고 있던 남편이 은근히 아들 편을 들면서 "그래도 그 녀석이 잠재력이 있는 녀석이야. 한 번 더 기다려 봅시다. 2학기에는 잘할 거야."라고 하는 것이 아닌가.

나는 그 잠재력이라는 말에 터지는 웃음을 겨우 참았다.

시동생과의 라운딩

두 아이들 대학 들어가면 중단했던 골프를 다시 하겠다고 남편과 약속을 했었다. 그 약속을 지키려고 부단히 노력한 결과 올 여름방학 중에 겨우 스윙을 흉내 정도는 낼 정도가 되어서 처음으로 라운딩을 나가게 되었다. 국방대학에 다니고 있는 시동생 덕분에 군 영내에 있는 체력단련장에 쉽게 부킹이 가능해서 남편, 두 시동생(도합 3형제)을 따라가서 머리를 얹게 되었다.

슬라이스볼을 치면 시동생이 달려가서 가운데로 던져주고 티를 꽂는 것부터 골프장 예의범절까지 남편에게 배우면서 3형제와 18홀을 도는데 운동보다도 더 마음이 훈훈한 것은 한 가족이 한 장소에서 정을 나누며 음식도 같이 먹고 오고가며 이런저런 이야기도 하는 그런 시간들이었다.

나는 결혼 초에 시누이, 시동생들과 3년을 한집에 살았다. 막내 시동생은 대학 입학 때부터 장가갈 때까지 같이 살았으니 한 8년은 같이 살았나 보다. 서로의 기쁜 추억과 아픈 추억들을 함께 했고 시동생이 큰 수술을 받아서 그 뒷수발까지 시골에 계신 시부모님 대신하여 감당해야 했던 세월이었다. 그렇지만 그 시간들도 마냥 흐르고 흘러 이제는 모두 사회에서 제 몫을 해내며 잘들 살고 있는 것을 마치 부모의 심정이 되어 나는 바라다본다. 그 충만한 마음에 덧붙여 세 형제들의 관심과 배려를 마음껏 받으면서 함께 운동을 하게 되니 마치 왕비가 된 느낌이 들었다.

오래 묵은 포도주가 달듯이 오랜 인연이 얽혀 이제는 나도 시집 식구들과 한 형제가 되다시피 되었으니 하루쯤 왕비대접을 받을 만하지 아니한가?

강진 규수 '영랑'

지난 토요일에는 친정 혼사가 있어 대전에 다녀왔다. 친정 오빠의 첫째 아들 윤식이가 참한 규수를 맞이했다. 규수는 전남 강진이 고향인 조카의 대학동기로 윤선도의 후손이고 이름이 윤영랑이란다.

모란이 피기까지는 "나는 아직 봄을 기둘리고 있을 테요 / 찬란한 슬픔의 봄을…"이 시를 지은 김영랑 시인의 본명이 윤식(允植)이다. 그러니까 김영랑 시인의 아호인 영랑이와 본명인 윤식이가 만나 사랑을 키워 한 가정을 이루기로 했다는 것이다. 옳거니 너희들이 그것을 인연으로 만나 사귀었나 싶다. 시를 좋아하는 나는 참으로 이 아이들이 기특해보였다. 신랑이 키가 너무 크고 싱겁게 생긴 것에 비하면 색시는 어찌 야무지게 생겼든지 적이 안심이 되었다.

우리 친정집안의 본향이 황해도인지라 남한 땅에는 아버지 세대 이전으로는 그 뿌리가 없다. 지금까지 큰 애환이 없이 잘 먹고 잘 살고 있어도 부모님의 마음 한구석에는 늘 고향을 그리는 회한과 설움이 고여 있는 것을 나는 안다. 하지만 이제 1세대 2세대를 지나 3세대에 이르러 강진의 규수를 맞이하면서 이제 그 허전함에도 종지부를 찍고 이 땅에 그 뿌리를 든든히 내리면서 회한 없이 살아볼 일이다.

윤식이 조카를 업고 키우다시피 한 막내 고모를 비롯하여 4명의 고모들이 고모부들과 함께 폐백을 받고 덕담도 하였다. 컴퓨터 그래픽을 같이 전공한 이들 부부는 영국에서 공부하고 돌아올 예정이라고 한다.

아무리 나라가 시끄러워도 이 땅의 젊은이들은 한 걸음 한 걸음 미래를 향해 전진하고 있음을 바라보며 미소를 지어본다.

여름비 내리는 날에

지난밤부터 쏟아진 장맛비가 아침에도 대차게 내린다. 커피 한 잔 뜨겁게 타서 그냥 아무 생각 없이 글을 올려본다. 지난 토요일에는 아들 면회를 다녀왔다. 막히지 않으면 내 차로 30분 거리에 있으니 면회랄 것도 없지만 과일이 먹고 싶다는 말에 불현듯 슈퍼에 있는 모든 과일을 샀다. 수박, 자두, 천도복숭아, 토마토 등 모든 음식물은 반입이 안 된다는 부대장의 명령이 있었다고 한사코 말리는 것을 과일은 식중독과 관련이 없다는 나름대로의 이론을 들이대며 같은 생활관에서 복무중인 마냥 내 자식 같은 아이들에게 과일을 남겨주고 돌아왔다.

사회에서 다소 불규칙하게 살던 아이가 군에 가니 기름기가 쏙 빠져서 거무스름한 피부에 아주 탄력 있어 보였다. 그래서 그런지 남자는 군대가 아주 훌륭한 사회교과서라는 생각이 든다.

왕수가 자대배치 받고 처음 간 면회였다. 분대장이 같이 나와서 나를 생활관으로 안내하더니 여기저기를 소개시켰다. 같은 생활관을 쓰는 9명의 동료들도 만나보고 침대를 사용하는 생활관에는 응접탁자와 의자도 있고 아주 좋아보였다.

평소에는 바쁘고 힘들지만 토요일에는 동아리활동으로 당구도 치고 컴퓨터도 하고 자유롭다고 하네. 마치 군대가 집보다 편하다는 듯이 말하는 아들놈이 좀 낯설게 느껴져서 이제 다 컸구나 하는 생각과 동시에 자식은 품 안에 있을 때 자식이란 생각도 슬며시 들었다.

아들의 귀환

아들 왕수가 PKO로 지진으로 큰 재난을 당한 아이티에 파병 갔다가 6개월만에 돌아왔다.

"월남에서 돌아온 새까만 김 상사 이제야 돌아왔네."

아들을 보는 순간 김추자의 이 노래가 생각났다. 종아리가 어찌나 까맣게 탔는지 다리 털 색깔과 종아리 색깔이 똑같아서 다리털이 보이지 않을 정도다. 하지만 건강하게 돌아와 부모 품에 안기니 감사할 뿐이다.

오는 날부터 매일 밤마다 땀복을 입고 학교운동장을 뛰고 땀에 젖은 얼굴로 들어와 샤워를 하고 자는 습관을 보고 군인답다는 생각이 들었다. 말이 없어지고 조용하게 제 할 일만 하는 폼이 '이제는 많이 컸구나' 실감되어진다.

독립적 인격으로 점점 영글어가는 아들을 보면서 뿌듯하기도 하고 이제 내 품에서 떠나보내야 할 시기가 점점 다가오고 있음을 느끼고 있다.

아들이 조금 어렵게 느껴지니 말이다.

이 시대에 40대 남자로 살아남기

한 2년 전에 남편은 서울지사에 개발부장으로 근무했었다. 그때 서울지사장으로 있던 분이 마라톤마니아였는데, 그분은 거의 매일 여의도에 있는 자기 집에서 마라톤 복장을 갖춰 입고 한 20km 거리의 한강변을 달려서 대치동에 있는 서울지사로 출근하고 자기 차에는 양복과 구두를 싣고 빈차로 기사를 출근 시키고 하던 분이었다. 전 직원들에게도 토요일 오후에 근무가 끝나면 자기가 선두로 해서 가끔씩 양재천을 한 10km씩 뛰게 하고는 했었는데 그 바로 밑에 부하 직원이었던 남편도 점점 마라톤 애호가가 되어가더니 급기야는 근로자의 날에 경기도 수원에서 열리는 직장인 마라톤대회에 참가해서 20km 단축 마라톤에도 참가하고 틈만 나면 달리기를 하고 있다.

어느 날은 그 지사장님의 제안으로 삼성역에 있는 무역센터빌딩을 1층에서부터 걸어서 50층이 넘는 스카이라운지까지 올라가기도 하고 63빌딩을 걸어서 올라간다는 것을 말렸던 기억도 있다. 그렇게 열심히 그 분의 취향에 맞추어 달리기며 술자리에 최선을 다하더니만 결국 진급을 해서 지금은 경기지역본부에 한 부서의 장으로 근무하고 있다.

내 몸의 조건과 건강상태를 아랑곳하지 않고 윗분들의 성향에 맞추어 성실히 모든 일에 최선을 다 해야만 살아남는 한국의 직장구조 속에서 살아남기 위해 성실 하나로 몸이 부서져라 뛰어온 사람이 바로 내 남편이다. 요즘 남편의 무릎연골이 다 닳아서 고생하는 것을 보면서 저 가느다란 다리로 우리식구로도 부족해서 시댁식구들의 사사로운 문제들까지 자기 일처럼 감당하면서 살아온 남편이 새삼 측은하게 보이는 것이었다. 무쇠다리의 지사장을 따라서 수없이 많은 빌딩계단을 오르고 틈만 나면 달리기를 해대었던 남편이 정말 자기가 엄청 좋아서 그렇게 같이 땀을 흘려댄 것은 아니었을 것이다.

이 시대에 40대 가장으로 직장에서 살아남기 위한 한 남자의 몸부림이었다고 생각이 미치니 남은 것은 꺾이고 만 두 다리뿐인 것 같아 가슴이 먹먹해지는 것이 아닌가…….

은혼식 날에

어느새 세월이 흘러 우리가 결혼한 지 25년이 되었습니다. 참으로 많은 골짜기와 산등성이를 지나왔다는 생각이 듭니다. 하지만 이제와 생각하니 골짜기를 지날 때에도 산등성이를 오를 때에도 하나님께서는 언제나 아주 섬세하게 늘 우리와 함께 동행하셨다는 믿음이 옵니다. 당신과 손잡고 지나온 시간들 속에 우리 둘만 버려두지 아니하시고 늘 우리와 함께 하신 하나님께 감사드리며 찬양을 올려드립니다.

당신의 입장이 되어 생각해보니 당신은 정말 치열하게 열심히 살아온 사람입니다. 부모님 품에서 한참 잘 먹고 사랑받을 나이에 일찍 독립하여 혼자 춥고 외로운 시간들을 보냈을 당신을 상상해봅니다. 새벽부터 도서관에 가서 공부하다 차가운 도시락을 먹고 어둑어둑할 때 잔잔한 만족감을 느끼며 집으로 돌아가는 그때부터 이미 하나님께서는 당신을 눈여겨보고 계셨을 것입니다. 매 순간마다 성실과 인내로 어려운 길들을 헤쳐 온 당신은 하나님께 칭찬받아 마땅한 사람입니다.

"네 자신을 먼저 사랑하라"는 말씀은 오로지 당신만을 위해 엄마 품에 안긴 젖 뗀 아이를 보시듯 당신을 바라보시면서 하신 하나님의 간절한 마음이 담긴 말씀이라는 생각입니다. 메마른 당신 마음에 하나님께서는 지금 물을 주고 계십니다.

석명 씨! 당신을 사랑하시되 지극히 사랑하시는 하나님을 알고 느끼고 노래하고 표현하는 당신이 되기를 기도합니다. 석명 씨 당신을 당신 자신보다 더 사랑하시는 하나님을 기억하며 어떤 경우에도 오로지 큰 사랑으로 감싸주시는 하나님을 묵상합니다.

우리의 결혼 25주년을 맞아 순영이는 당신의 입장이 되어, 그 하나님의 사랑을 느끼며 감사드리고 싶습니다.

- 2009년 8월 25일 순영.

김석명, 당신과 함께 한 30가지 감동이야기

- 당신의 60회 생일과 결혼 30주년을 맞이하여

1. 1983년 10월의 마지막 날 당신을 처음 만나 태릉 푸른동산에서 함께 걸었던 그 길. 발목을 넒을 만큼 우수수 떨어진 낙엽을 밟으며 같이 들었던 그 바스락거리는 소리가 아직도 귓가에 들리는 듯한데 벌써 30년이 흘렀네요. 그날 당신의 신선하고 풋풋한 모습 아직도 내게는 감동입니다.

2. 처음 만난 지 1주일 후 관악산에 가서 당신이 준비해온 라면봉지 안에 들어있던 불린 쌀로 밥을 짓고 양념불고기 2인분과 병에 든 잘 익은 김치로 점심을 해먹었을 때 그 준비성에 감동! 그리고 내가 좋아하는 커피 2잔과 정상에서 추워할까봐 미리 준비해온 여벌 잠바를 꺼내 입혀준 것은 아마도 내가 평생 잊지 못 할 감동으로 30년이 지난 지금도 생각나는 훈훈한 기억입니다!

3. 대전 우리 집에 처음 인사오던 날 목동 언덕길을 올라가며 이 길을 두 번째 가는 길이라고 당신이 했던 말이 생각나요. 나를 만나기 10년 전에 이미 내 존재를 알고 있었다는 것이 충격이기도 했지만 그 사실로 인해 당신과 나의 인연이 그만큼 깊었다는 것을

알게 되었고 우리의 만남을 단단히 엮어준 매듭과 같은 기억으로 남아있네요.

4. 결혼 전 데이트할 때 옥수수를 먹으면서 성산대교를 걸어서 건넜던 기억 생각나지요? 다 먹은 옥수숫대를 한강물에 던지면서 얼마나 즐거웠는지……. 이 옥수숫대가 한강을 건너 태평양까지 원 없이 흘러가듯 우리의 사랑도 강물처럼 어려움 없이 흘러가기를 기도했던 기억이 새롭습니다. 내가 옥수수를 좋아하는 것을 아시고 그 후 살면서 어머님이 왕수에미 주려고 옥수수를 심으신다는 말씀을 듣고 내가 얼마나 사랑받는 며느리인지 새록새록 느끼고 있답니다.

5. 결혼 후 첫아이 둘째아이 모두 잃고 내가 크게 상심하고 있을 때 단 한 번도 나를 원망하지 않고 나를 이해해주고 기다려준 당신이 얼마나 고마운지요. 결혼도 늦었는데 아이까지 늦어지니 초조 할 만도 한데 내색하지 않고 참아준 당신의 그 깊은 마음을 지금까지 내가 말로 표현하지는 않았지만 그때도 알고 있었고 지금까지도 잊지 않고 있어요. 그 마음을 생각하면 지금도 감동이 되고는 합니다.

6. 왕수를 임신했을 때 또 조산 기운이 있어 병원근무를 쉬고 자리보전하고 누워있어야 하는 아내를 위해 아침에 일어나면 출근하기 전에 깨끗이 자리를 털고 반듯하게 이부자리를 정리하고 병풍으로 햇빛을 가려주고 나가던 당신의 따뜻한 마음 아직도 감동입니다.

강서구 신월동 미광연립 1층 햇빛 잘 들던 우리의 신혼집 그립네요.

7. 나를 만나고부터 교회를 다니기 시작한 당신, 목민교회에서 예배시간에 늘 졸기만 하던 나보다 더 열심히 설교를 들었던 당신, 1985년 부활절에 요단강에서 떠온 물로 세례를 받은 당신의 모습, 귀하고 귀합니다. "남편에게 믿음 주셔서 우리 집안의 제사장으로 세워주세요"라고 기도했던 나의 오랜 기도를 들어주신 하나님의 한량없는 은혜에 감사하며 찬양을 올려드려요!

8. 당신은 우리 아이들이 어렸을 때 매 주말마다 아이들과 놀아주던 좋은 아빠였지요. 총알을 주어서 물로 씻은 후 왕수 부현이와 한 알 한 알 세면서 좋아하던 그 모습 눈에 선해요. 왕수와 바둑을 두면서 서로 이기려고 경쟁하는 모습도 귀하고 왕수 친구들과 축구하며 놀아주던 좋은 아빠, 부현이를 얼마나 예뻐했는지……. 딸바보 김석명!

9. 한시도 가만히 있지 못하고 무엇인가를 공부하는 열공 남편 김석명……. 결혼하자마자 서울대대학원 시험준비에 열을 올리더니 승진시험공부, 4전5기 기술사공부, 기술사공부 끝나고 좀 쉬나 보다 했더니 석사 시작하고 석사 끝나고 이제는 그만하겠지 했더니 당신은 50줄에 들어서서 박사과정을 하고 싶다고 해서 나를 놀라게 했지요. 자기의 업무에 소홀히 하지 않고 120% 최선을 다하면서도 주경야독으로 공부하던 당신. 박사과정 마치고 경희대교수님들

이 일하면서 공부한 당신에게 놀랍다고 하셨다지요? 그 노력의 결과로 지금의 교수가 되기까지 당신은 명불허전 의지의 한국인입니다.

10. 당신이 회사 근무하면서 열심히 노력한 결과로 공원에 저류지시설을 설치하는 것을 연구하여 토지공사에서 1등으로 최고성과급 받았을 때 성과급을 사회복지시설에 기부하고 우리 아이들 모아놓고 하얀 봉투에 30만원을 넣어 아내에게 상금전달식을 했던 날을 기억합니다. 그때 당신이 얼마나 자랑스럽고 대견해 보였는지 모릅니다. 아주 조그만 일에서부터 큰일에 이르기까지 늘 최선을 다하는 모습을 보여주었는데 미련한 아내는 당신의 귀한 모습을 이제야 알아주니 그동안 당신이 조금 외로웠을 것 같아 미안하고 죄송합니다. 그만 열심히 하고 좀 적당히 하라고 다그치기만 했으니 말입니다. 성실히 일하는 당신의 자세와 모습은 아마도 우리 아이들의 유전자에 새겨져 큰 복으로 우리에게 선물이 되어 돌아올 것이라고 믿습니다.

11. 당신이 혁신도시사업처장 할 때 윗분 중 어느 분이 열심히 일하는 당신에게 "김 처장! 난 당신만 보면 기분 좋아."하셨다는 그 말이 기억납니다. 그 말에 담긴 의미가 얼마나 귀한 것인지 내가 직장에 나와서 다른 사람들과 일을 해보니 알 것 같아요. 무슨 일을 맡겨도 안심이 되는 사람, 기대했던 것보다 훨씬 큰 결과를 가져오는 사람, 아무도 생각하지 못하는 창의적인 마인드로 문제에 접근하는 사람, 언제나 한결같이 성실히 일하는 사람에게 느껴

지는 그 기분 좋은 느낌을 주는 사람이 바로 당신입니다.

12. 회사 홈피에 <내가 칭찬하고 싶은 사람>이라는 코너가 처음 생겨 당신이 3번째로 <칭찬해주고 싶은 사람>으로 선정되어 올라왔던 그 글이 생각납니다. 같이 근무한 적도 없는 분이 옆에서 너무 성실히 일하는 당신을 보고 감동을 받고 아름다운 사람이라는 표현을 했더라구요. 그 글을 읽고 내가 얼마나 기분이 좋았는지 감동이었습니다.

13. 내가 임용고사를 준비한다고 노량진학원으로 도서관으로 책보따리 들고 나다닐 때, 당신이 아이들과 하루 종일 놀아주고 집안일도 도와주면서 당신은 공부만 열심히 하라고 격려해주었던 것도 기억납니다. 첫 번째 시험에서 탈락하고 의기소침해 있을 때 경기도는 지원하지 마라. 경기도 경자도 꺼내지 마라고 야단치면서 당신보다 더 똑똑한 간호사는 서울에 없다고 추켜 세워주던 그 말에 힘을 얻어 결국 서울시임용고사에서 패스하는 기쁨도 누리게 되었지요. 당신의 그 혹독함이 나에 대한 사랑이었음을 이제는 압니다.

14. 잘 살려고 애쓰다가 몸에 이상이 왔을 때 합력해서 선을 이루시는 하나님의 손길을 바로 우리 눈앞에서 보여주신 하나님의 그 한 치의 오차도 없으시고 정확하신 돌보심을 당신의 고난을 통해 보게 하셨지요. 서울대 최원식 교수님, 구본관 교수님. 할렐루야! 고난을 통해 당신의 심령이 거듭나는 것을 애타게 기다리시고 계시는 하나님의 선물. 당신을 향하신 하나님의 그 극진하신 사랑을

통해 제가 감동을 받고 눈물이 납니다.

15. 남서울예수교회 4주년 감사예배에서 당신의 간증을 통해 당신이 말했지요. 꿈속에서 받은 말씀으로 이제는 당신 속에 당신이 사는 것이 아니라 예수 그리스도께서 사시는 것임을 입술로 고백했으니 얼마나 귀하고 귀한지요. “두려워 말라 나는 너의 방패요 너의 지극히 큰 상급이니라.” 예수 그리스도가 당신의 방패가 되어 모든 독한 것을 막아내며 또한 상급이 되어 당신이 주님 안에서 잘 살면 더 큰 상급을 받을 것이니 이보다 더 귀한 인생이 또 있을까요? “네 자신을 사랑하라.”는 계시의 말씀처럼 당신 자신을 보석처럼 귀히 여기고 아끼면서 나와 함께 천국문에 다다를 때까지 전진하자구요.

16. 남서울예수교회가 지금의 백현동 자유퍼스트프라자로 옮겨올 때 당신에게 건축위원장을 맡기신 노 목사님의 탁월한 선택으로 당신이 교회건축을 맡고나서 진행해온 당신의 모습은 또 다른 당신의 능력을 보여준 것이었어요. 그 성실함과 추진력으로 교회가 지금의 모습을 보이기까지 당신이 애쓴 그 수고를 주님은 다 알고 계실거라고 믿어요. 겸손한 자세로 누가 알아주든지 말든지 자기에게 맡겨진 일들을 잘 이루어나가는 그 모습이 언제나 감동입니다.

17. 웃음친구 이야기를 해볼까요? 사실 웃음캠프 다녀와서 지금까지 그 영향력을 유지하는 사람이 얼마나 될까요? 당신이 박영규 집사님과 어머님과 매일 아침저녁으로 웃음 친구하는 그 모습 김석명

이라는 사람과 살고 있는 나만이 그 성실함을 알 것입니다. 눈물겨워요. "성실을 식물로 삼으라." 성경에 나오는 이 말씀의 참 의미를 나는 당신이 성실하게 사는 모습을 통해 매일 매일 하나님의 말씀이 이루어져가는 것을 눈으로 보게 됩니다. 그 성실함이 다른 사람의 생명을 살리는 닻이 되어 생명을 건져 올리고 있습니다.

18. 뉴라이프 이야기를 해볼까요? 뉴라이프를 함께 나누고 공부하고 헤어진 사람들 중에 당신만큼 그 내용을 행함으로 연결하는 사람이 몇이나 있는지 궁금해요. 감사일기를 학생들에게 수업시간에 연결하여 발표하게 하는 것도 감사하고 그 내용을 귀동냥으로 들을 때마다 항상 감동이 됩니다. 구슬이 서 말이라도 꿰어야 구슬이 되듯 당신의 창의적인 생각들이 구슬로 꿰어져 하나씩 둘씩 열매로 나타날 때 참으로 당신은 귀한 사람이라는 것을 알게 됩니다.

19. 당신 주변의 사람들에게서 좋지 않은 일들이 생길 때면 당신은 지금까지 한 번도 내게 그 말들을 전해주지 않는 입이 무거운 사람입니다. 모임에 나가 다른 사람들로부터 그런 얘기를 듣고 왜 말해주지 않느냐고 하면, 안 좋은 이야기를 할 필요가 있느냐고 되묻는 당신입니다. 그래서 더욱 당신을 신뢰하게 됩니다.

20. 지금 들고 다니는 당신의 가방을 볼 때마다 당신은 참으로 검소한 사람임을 알고 고개 숙이게 됩니다. 어느 학회에선가 선물로 준 별로 비싸지 않은 가방을 손잡이가 헤어져 실밥이 나오도록 바

꾸지 않고 남의 시선을 의식하지 않고 들고 다니니 그 검소하고 소박한 마음에 감동이 됩니다. 당신 바지주머니가 다 닳아 검은 바지가 허옇게 되었을 때 어머니께서 눈물지으시며 '이렇게 바지가 다 닳도록 얼마나 애쓰며 살았을꼬?' 하시던 그 말씀이 이제 이해가 되고 감동으로 기억됩니다.

21. 조카들을 자기 자식처럼 끝까지 책임지는 당신의 마음 훌륭합니다. 어떤 일을 추진할 때 끝까지 동생들의 의견을 존중하고 조정하고 타협하는 그 모습도 다른 가정에서는 흔히 볼 수 없는 귀한 형님의 자세라고 생각됩니다. 당신의 그런 배려와 경청의 자세 때문에 지금까지 우리 집안이 평탄하고 형통할 수 있었다고 생각하며 박수로 격려하고 싶습니다.

22. 어머님이 서울 오셔서 병원 다니실 때 손을 꼭 잡고 모시고 다니는 모습도 감동입니다. 지금까지 어머님이 강건하신 것도 당신의 그런 정성어린 보살핌의 결과라고 생각되어요. 그런 모습은 우리 아이들에게 반면교사가 되어 미래에 당신도 우리 아이들로부터 그런 배려와 보살핌을 받게 될 것으로 기대하게 됩니다. 부모에게 효를 다하는 자식은 그 땅을 기업으로 받을 것이라는 하나님의 말씀이 이루어지길 기도합니다.

23. 근무환경이 완전히 다른 대학으로 자리를 옮기기까지 긴 시간을 고민하던 당신에게 무턱대고 대학으로 가라고 우겨대는 아내의 말을 그래도 들어주고 대학으로 옮겨 처음 1년간 많이 힘들었을텐데

1년을 잘 버텨준 당신이 정말 고맙고 감사합니다. 학생들 앞에서 강의하는 것이 실은 그리 녹록치 않은 고된 정신노동이라는 것을 알기에 학생들과 잘 어울리고 강의 준비도 열심히 하는 당신을 보면서 진정 존경하는 마음을 갖게 됩니다. 당신 최고!

24. 토지공사 직원들이 모임을 할 때마다 당신을 불러내고 함께 희로애락을 나누는 것이 참 귀하게 생각됩니다. 떠나간 사람을 불러주는 것은 그 사람과의 인연이 깊고 좋았기 때문입니다. 평소 당신이 직원들과 얼마나 돈독한 관계를 맺어왔는지 알고 있기에 당신의 처신에 믿음이 가고 고맙게 생각합니다.

25. 조금 심하다고 생각될 때도 있지만 당신이 자신의 건강에 관해 철저히 관리하는 것이 때로는 정말 감사하고 고맙게 생각됩니다. 실은 그런 모습조차 우리 가족들에게 남편으로서 아빠로서 그리고 어머니의 아들로서 최선을 다하는 모습이라는 것을 알기에 당신이 건강을 잘 유지하도록 나도 최선을 다해 현미밥, 야채, 과일 잘 준비할게요. 당신도 마음을 평안히 갖고 그 염려를 하나님께 맡겨드리면 더 고마울 것 같아요.

26. 교회에서 형편이 어려운 사람들에게 할 수 있는 만큼 최선을 다해 도와주는 모습이 감동으로 남습니다. 이성의 집사님 아들 영준이, 박옥경 집사님 며느리, 유주현 집사님 등 그러고 보니 당신은 참 마음이 따뜻한 사람이어요. 고마워요. 그리고 사랑해요. 그 따뜻한 마음 남겨서 순영이에게도 주시기를…….

27. 국민대학교가 북한산자락에 있는 것이 정말 감사하고, 생각할수록 기분 좋아요. 웬 은혜인지, 웬 축복인지요. 지난여름 북한산 형제봉 아래 숲속에서 도시락 까먹고 누워서 바람에 일렁이는 나뭇잎들을 볼 때 얼마나 좋았는지요. 나뭇잎 사이로 들이치는 햇볕의 따스함과 신선한 공기, 바람 따라 저 멀리서 흔들리며 다가오는 춤추는 나뭇잎들은 마치 창조주 하나님의 숨결인 듯 손길인 듯했었지요. 우리가 늘상 앉아서 기도하던 그 푸른 소나무 아래 바위들, 집채만한 바위에 새겨진 십자가를 발견하고 얼마나 신기하고 감격했는지요. 바위들이 다양한 모습으로 우리에게 말을 걸어오는 듯도 합니다. 당신이 열심히 카메라에 담은 소나무 사진들도 귀하지요. 이렇게 좋은 북한산 아래 동네에 당신이 근무하고 있다는 사실이 얼마나 감사하고 감동인지 꿈만 같습니다. 북한산은 우리 부부에게 2013년 최고의 선물입니다.

28. 당신과 나의 생활반경이 2개의 톱니바퀴처럼 잘 맞물려 돌아가는 것이 참으로 신기하고 감사합니다. 당신과 내가 중년의 시간들을 알뜰하게 보낼 수 있게 모든 여건을 형통케 하시고 인도하신 하나님의 돌보심에 감사하고 “내가 나 된 것은 다 하나님 은혜”(고전15:10)라는 찬양처럼 오직 하나님의 은혜임을 고백합니다.

29. 현미밥으로 우리의 식단을 혁신하게 하시니 감사합니다. 당신이 즐겨 드셔주니 또한 감사하지요. 당신 혈액이 점점 맑아지는 것을 감지하게 됩니다. 도시락도 잘 들고 다니니 고맙네요.

30. 마지막으로 서울미술관에서 운보 김기창 화가의 예수생애를 그린 그림을 함께 감상해서 좋았어요. 예수님의 탄생에서부터 부활승천 하신 모습까지 완전한 연작그림을 감상하다니 너무 감사하지요. 당신이 가장 탐내던 그 그림, 부활하신 후 깨끗한 두루마기를 입고 바위 앞에 서 계시던 예수님 모습을 보고 우리는 감동으로 눈을 떼지 못했지요. 그 모습 참 빛이 나는 듯 눈부셔요. 석파정 소나무를 본 것도 2013년 기억할만한 감동의 순간이었습니다. 당신과 내가 이런 감동의 순간들을 많이 만들면서 살아간다면 좋겠습니다. 당신과 만나 결혼한 지 30년, 당신의 60회 생일을 맞아 기억나는 아름다운 순간들을 적어보았는데 30가지가 아니라 앞으로 60가지 100가지로 좋은 추억들을 불려가면서 살아가요. 우리…….

당신이 내게 있어줘서 정말 고맙습니다.
당신의 생일을 진심으로 축하합니다!

- 2014년 2월 1일 순영 씀.

가족모임

어제 일요일 저녁에는 간단한 가족모임을 가졌다. 매주 모이지는 못하지만 가끔씩 일요일저녁에 가족모임을 하는 것이 기다려지고 감사한다. 일주일동안 부실했던 식단을 조금 화려하게 준비해서 우리 가족이 거의 중독 수준으로 보는 <나가수>와 저녁드라마 <사랑을 믿어요>의 중간 시간대에 저녁을 먹고 한 30분 모였다. 다 같이 찬송가 부르고 내가 기도하고 남편이 인도하는 간단한 말씀을 듣고 자유롭게 이야기하는 시간을 가졌다.

남편의 멘트 : 시골에서 할머니가 오셔서 계시는 동안 왕수가 거실에서 자면서도 웃으면서 잘 지내줘서 감사함. 할머니 심심하실까봐 부현이가 할머니랑 윷놀이도하고 화투도 치면서 같이 놀아드려서 감사함. 무지 더운 날씨에 나를 위해 대금(국악악기)을 받으러 왔다 갔다 한 엄마에게 감사함.

왕수의 멘트 : 가정형편이 허락되어 하고 싶은 공부를 마음껏 할 수 있어서 감사함.(변리사 시험 준비하기 위해 학원등록 해준 것)

부현이의 멘트 : 유치부교사(피아노반주자)를 하는 것에 감사함. (이유는-5살 꼬마들이 너무 사랑스럽고 예뻐서…….)

나의 멘트 : 왕수가 요즘 여드름 치료를 위해 피부과에 다니는데 얼굴이 많이 깨끗해진 것에 감사함.

찬송가 부르다가 웃음보가 터져서 아들놈이 뒹굴면서 웃었다. 아들의 웃음소리를 오랜만에 들은 것에 감사한 일요일 저녁이었다.

아들에게 쓴 편지

변리사 시험을 준비한다고 학교를 휴학한 아들이 요즘 슬럼프에 빠져 있는 듯 영 생기가 없어 보이고 눈매에 힘이 없다. 군에서 제대하자마자 호기롭게 무엇을 해도 잘 해낼 것처럼 긍정적인 기운이 충만하더니 지금은 언제 그랬냐는 듯이 TV 보는 시간이 많아지고 집에서 나가는 시간이 점점 늦어지고 있다. 내 인생은 내 인생이고 네 인생은 네 인생이라는 초연함으로 밀어붙이기에는 난 아직도 어미라는 짐에서 벗어나지 못하기에 속으로만 전전긍긍하고 있다. 그렇다고 일일이 잔소리한다고 들을 아들도 아니기에 오랜 시간 기도하고 관조하며 가다듬은 생각을 아들에게 편지로 몇 자 적고 편지만 주려니 쑥스러워서 용돈을 조금 찔러 넣어 건네주었다. 글쎄 엄마의 깊은 마음을 느꼈으려나, 조금 달라진 듯하네!

아들에게

오랜만에 왕수에게 편지를 쓴다.

네가 군에 있을 때는 집을 떠나 있고 보고 싶은 간절함 때문인지 편지를 자주 썼는데 막상 집에 있고 가까이 있으니 더 무심해지는 것 같다.

토요일에는 무거운 것들을 번쩍번쩍 들어 나르는 아들이 있어서 얼마나 마음이 든든했는지 모른다.

바쁜 아빠와 여린 부현이로 인해 엄마가 급하면 언제나 왕수에게 짐을 지우는 것 같아 엄마는 너에게 늘 미안하고 한없이 고맙다.

어제 예배 중에 "감사하는 것이 우리를 치유한다."는 말씀을 듣고 엄마가 우리 아들 왕수로 인해 얼마나 감사하고 있는지 그리고 얼마나 우리 아들을 사랑하는지 꼭 전해주고 싶었다. 이 감사함으로 너의 마음과 엄마의 마음이 따뜻하게 치유되기를 소망한다.

1. 너를 낳기 전에 2번 태아를 잃은 엄마는 네가 이 세상에 태어난 것만으로도 세상을 다 얻은 듯이 기쁘고 감사했다.
2. 왕수가 엄마 뱃속에 있을 때 비로소 하나님의 존재를 엄마의 삶 전체로 믿게 되고 생명은 나의 힘이 아니라 창조주 하나님의 허락하심으로 얻게 된다는 것을 알게 되었고 너를 만나게 된 것에 진심으로 감사한다.
3. 왕수를 키우면서 단 한 번도 속상한 일없이 잘 자라주어서 정말 감사하다.
4. 왕수가 초등학교 다닐 때 건강하게 잘 놀고 운동을 좋아한 것에 감사한다.
5. 엄마가 직장을 다니기 시작했을 때 엄마 없는 허전함을 잘 견뎌주어서 감사하다.
6. 중고등학교 시절에도 사춘기의 어려움 없이 잘 성장하여주어서 감사하다.
7. 재수기간에도 늘 할 만하다는 편안한 마음으로 공부해주어서 감사

하다.

8. 대학생활도 무난하게 잘해주어서 감사하다.
9. 군대생활을 하면서 철이 들고 아이티파병까지 무사히 잘 마쳐주어서 감사하고 어디 한 군데도 다친 곳 없이 제대한 것에 정말 감사한다.
10. 할머니 올라오실 때마다 거실에서 자면서도 늘 기쁜 얼굴로 지내주어 감사하다.
11. 장래에 무엇을 할 것인지 목표를 세우고 그 목표를 이루기 위해 한 걸음씩 나아가고 있으니 감사한다.
12. 엄마가 이 세상에 태어나서 가장 잘한 일이 있다면 왕수와 같은 아들을 얻었고 부현이 같은 딸을 곁에 두었다는 것이다. 왕수도 항상 이런 감사한 마음을 가지고 생활한다면 공부를 하든지 직장을 얻든지 결혼을 하든지 늘 축복이 함께 할 것이라고 엄마는 믿는다.

2011년 11월 22일. 엄마가 씀.

부현이의 첫 출근

우리 딸 부현이가 첫 직장을 얻었다. 요즘 같은 불경기와 취업난 속에서 정규직으로 뽑혔으니 너무 기쁘고 감사하다. 본인이 가고 싶어 하던 제법 큰 성동노인종합복지관에 사회복지사로 채용되었다. 몇 단계의 시험을 통과하고 면접 보고 최종으로 1명 뽑는데 되었으니 감격스럽다. 졸업 전 취업으로 지난 월요일 첫 출근을 하는데 남편과 내가 편지를 한 통씩 썼다. 얼마나 감격스러운지 아빠의 손 편지를 읽고 우리 딸이 결국 울고 말았다. 내 편지는 컴퓨터로 쳐서 주었더니 남편 것보다 감동이 덜한 눈치 같기도 하고…….

딸을 안고 많이 격려하고 같이 기쁨의 눈물도 흘렸다. 사회인으로 제법 자신의 몫을 잘해내려고 애쓰는 모습이 너무 사랑스럽다.

우리 딸 혀니는요

1. 외유내강형으로 겉은 부드럽고 연약해보이나 속은 꽉 차고 야무진 것이 좋다.
2. 피부는 우윳빛깔이요 옅은 화장을 하고 나서면 두고 보면 볼수록 예쁘다.

3. 날씬한 몸매는 어떤 옷을 걸쳐도 옷 맵시가 나는 최고의 패션모델이다.
4. 톤이 맑고 고운 꾀꼬리 같은 목소리는 언제 들어도 사람의 기분을 좋게 한다.
5. 어르신을 좋아하고 가까이하기를 즐겨하는 최고의 아름다운 마음을 가졌다.
6. 공중도덕을 잘 지키는 반듯한 성품으로 그렇지 못한 엄마를 감동하게 한다.
7. 언제나 따뜻한 마음으로 다른 사람을 바라볼 줄 아는 인간성을 지니고 있다.
8. 글씨를 예쁘게 잘 쓰고 다른 사람을 기분 좋게 하는 훌륭한 글 솜씨도 있다.
9. 다정한 남친이 있어 늘 힘이 되어주니 든든하다.
10. 엄마와 함께 출근할 수 있는 곳으로 첫 직장을 갖게 되어 너무 기쁘다.
11. 좋은 친구들을 주셔서 기쁠 때나 슬플 때나 함께할 수 있으니 감사하다.
12. 자기가 좋아하는 일을 마음에 드는 일터에서 펼칠 수 있으니 최고의 선물!
13. 좋은 학교(경기여고, 숭실대학교)를 다니게 하셨으니 너무 감사하고 감사하다.
14. 어릴 때부터 엄마, 아빠, 할머니, 모든 가족으로부터 너무 많은 사랑을 받고 자라게 하셨으니 이제는 나누어주고 베풀어주고 다른 사람을 넉넉히 사랑해주어도 마르지 않을 샘물을 가슴에 지니

고 있는 우리 딸이라고 엄마는 믿고 있다.

15. 어르신을 좋아하는 특별한 은사를 주신 것에 감사하고 노인복지의 최고 전문가가 되어 앞으로 다가올 노령화 시대에 크게 쓰임받을 인물이 될 것을 믿는다.
16. 연약한 것도 주셔서 늘 겸손하게 하고 절제하는 내적 힘이 되게 하시니 감사.
17. 교회 유치부에서 봉사하게 하시니 감사하고 꼬마들을 예뻐하는 마음도 감사.
18. 피아노를 잘 치는 능력주신 것 감사하고 좋은 일에 멋지게 쓰임받아 감사.
19. 엄마의 기도처럼 밝고 건강하게 사회에서 꼭 필요한 사람이 되어주어서 감사.
20. 주변 사람들과 좋은 관계를 맺는 성품으로 윗사람도 좋아하고 아랫사람도 좋아하는 사람이 되어 어느 자리 어느 곳에서도 잘 어울리는 혀니는 멋진 사람이다.
21. 항상 자신감을 가지고 많은 사람들이 모인 곳에서도 당당하게 자신이 하고 싶은 말을 조리 있게 할 줄 아는 혀니가 자랑스럽다.
22. 진상 어르신을 만나도 항상 미소로 대하며 그분의 마음을 읽어주고 경청하는 넉넉한 마음이 있어 혀니는 어떤 사람을 만나도 잘 소화할 수 있다고 믿는다.
23. 항상 부지런하게 미리 준비하는 태도가 혀니를 성공으로 이끄는 힘이 될 것이다.
24. 바쁜 중에도 여유를 가지고 자신의 몸과 마음이 무엇을 원하는지 눈치 채서 적당히 쉬어주고 물도 많이 마시고 먹을 것도 챙겨먹

는 그런 딸이 되길 바란다.

25. 하나님이 지으신 세상의 아름다움에 감동하는 마음을 갖고 그 하나님이 우리 혀니와 함께 하심을 기억하며 작은 일에도 감사하는 혀니가 되길 엄마는 기도함.

2012. 11. 26. 부현이의 첫 출근 날에.

가야금연주회를 보고

남편과 황병기 가야금연주회를 보러 갔다. 1951년 중3 때 부산 피난 시절부터 가야금을 뜯었다고 하니 올해로 가야금인생 60년이란다.

'달항아리'라는 주제로 황병기 선생이 한 곡 한 곡 직접 해설을 하는 독특한 연주회였다.

"사랑을 사랑이라고 말하면 이미 사랑이 아니고 사랑을 사랑이 아니라고 하면 이 또한 사랑이 아니다"라는 말을 하면서 가야금 뜯는 것이 그냥 이유 없이 좋아서 60년을 만졌다고 한다.

텅 비어있는 것 같으나 넉넉하게 꽉 찬 조선백자 항아리와 같이 가야금소리가 비슷하다고들 말한다. 거문고연주도 했는데 거문고는 가야금보다 훨씬 소리가 깊고 웅장한 것이 남성적인 느낌이 났다.

얼마 전 유홍준의 "인생도처유상수(人生到處有上手)[3]"라는 부제가 붙은 『나의 문화유산답사기』 6권을 읽었는데 우리나라 도처에 명인 명장 달인 고수 이런 단어를 붙여주어도 아깝지 않은 분들이 많다는 것이다.

어젯밤 황병기의 가야금 연주회를 보면서 한 인간이 다다를 수 있는 최고의 경지를 보았다고나 할까? 명인이라는 단어로 말하기에는 뭔가

---

3) '우리 삶 가는 곳마다 고수가 있다'라는 뜻

부족해서 그냥 침묵할 수밖에 없는 고요한 경지…….

확 깨는 말을 덧붙이면, 우리 부부가 돌아오는 길에 남편이 나보고 한 말씀 하신다.

"당신은 나 어디가 맘에 들어서 좋아하는데?" 이런 말 좀 묻지 말아줘.

"이유 없이 그냥 좋으니까" 오늘 연주회를 본 최고의 수확이라고나 할까?

그냥 이유 없이 감사하게 되는 날이었다.

족욕

오랜만에 감사일기를 쓰고 있다. 19일 방학하고 10일 동안 무심하게 삶의 리듬을 깨고 아주 자유롭게 지내고 있다. 지금은 따끈한 물에 발을 담그고 족욕을 하면서 컴퓨터의 자판을 두드리고 있는데 이 맛도 참 좋네. 시간 여유가 있으니까 생활의 빈틈을 조근 조근하게 메울 수 있어서 방학이 주는 의미가 남다르다. 일단 잃어버린 돋보기를 다시 맞추었다. 저렴한 테로 3개를 준비했다. 항상 잃어버리고 다녀서 한 개는 집에. 한 개는 학교에, 한 개는 교회 가방에 챙기고 나니 얼마나 뿌듯한지……. 계속하고 있는 족욕으로 온몸에 따뜻한 기운이 퍼지면서 땀이 찐득하게 나고 있어 참 행복하다. 그리고 냉장고 정리를 말끔하게 하고 알콜로 내부를 닦아내니 이 또한 얼마나 기분이 좋은지 모르겠다.

방학하자마자 왕수와 부현이를 데리고 대전으로 아버지를 뵈러 갔다. 치매를 앓고 계시는데 몸이 급속히 나빠지셔서 요양병원에 입원해 계신다.

"아버지, 서울 사는 순영이 왔어요."하니 "응 똑똑했지……."하신다.

아직은 완전히 기억이 소실되지 않은 대답이다. 아이들이 홀쭉하게 마르신 외할아버지를 뵙고 충격을 받은 듯 왕수는 말이 없고 부현이는 울먹인다. 결국 인생은 허망한 것이 아니겠는가! 그나마 오빠와 언니들이 지극정성으로 돌보고 있으니 형제에 대한 고마움과 감사함을 절실히 깨닫고 있다.

이제는 땀이 줄줄 흐른다. 목 뒤 대추혈에 따뜻한 기운이 흐른다. 요즘도 가끔 막히는 코가 시원해지길…….

이번 서울 경기지방에 내린 폭우로 가족을 잃고 집이 엉망이 된 분들께 용기를 가지고 빨리 회복하시기를 바라는 마음으로 기도하며 나의 이런 작은 감사와 행복도 왠지 송구한 마음이 든다.

오늘은 이만 여기에서 끝…….

어린이날에 쓴 짧은 편지

아들아!

"부모의 뒷모습을 보고 자식들은 배운다."라는 오늘 목사님 말씀을 들으면서 엄마는 엄마의 부족한 점들이 떠올라 많은 생각을 하게 되었다. 엄마에게 있어 아직 왕수는 어른이 아니기 때문에 어린이날을 맞아 소중한 우리 아들을 생각하며 좀더 절제하면서 학업에 힘쓰고 하나님 앞에 부끄럽지 않은 아들이 되기를 소망해본다.

– 너를 사랑하는 엄마가 –

부현아!

너무 바쁘게 학교생활 하느라 많이 힘들지? 그래도 아빠는 너를 생각하며 늘 마음속 깊이 감사한다. 부현이의 모든 것을 감찰하시고 지켜보시며 이끄시는 주님의 손길을 옆에서 보고 느끼기 때문에 감사할 수 있지…….

항상 건강에 유의하고 절제하며 감사하는 멋진 부현이가 되기를 어린이날을 맞아 소망해본다.

– 너를 사랑하는 아빠가 –

선수야! 요즘 공부하느라 많이 힘들지?

편안치 않은 여건이지만 잘 참고 견디는 선수에게 고맙기도 하고 한편 잘 해주지 못해 미안하기도 하다. 부디 초심을 잃지 말고 끝까지 최선을 다해주기 바라며 세상의 모든 일은 마지막 5분에 결정된다는 진리 앞에 겸손히 서서 끝까지 잘 견뎌내고 마지막에는 결국 승리하는 멋진 선수가 되기를 늘 기도한다.

– 작은 엄마 & 아빠가 –

영숙이의 애정 어린 충고를 듣고 글을 쓴다. 글쎄다. 요즘 얼마동안은 좀 생각 없이 살았다. 어제 어린이날 아침에는 위에 올린 짧은 글과 함께 봉투에 약간의 용돈을 넣어서 아들, 딸, 조카에게 넌지시 건네며 '너희가 아직 결혼 전이니 어른이 아니어서 어린이날 기념선물이다!'하고 주었다. 용돈은 남편이 주고 나는 글로 생색만 내었지…….

저녁에 식사도 함께 할까 했는데 젊은 것들이 워낙 바빠서 그냥 남편과 둘이 매생이굴국밥으로 개운하게 때웠다.

5월 3일까지 60시간짜리 사이버연수를 받고 시험 치르느라 좀 정신이 없었다. 동기방에는 늘 들어오고는 하는데 차분히 앉아서 글을 올릴 여유가 없이 올봄이 다 지나가버렸구나.

"모란이 뚝뚝 떨어져버린 날 나는 비로소 봄을 여읜 설움에 잠길 테요."라고 노래한 김영랑 시인처럼 말이다.

은행나무이야기

지난 주말 영남이네 혼사가 있던 날에 아버님 기일이라서 서천 시댁에 내려갔다. 시댁 앞마당에는 제법 굵은 세 그루의 은행나무가 적당한 간격을 두고 서 있다. 노인네 혼자서 감당하기에는 너무 많이 떨어지는 은행잎과 은행을 주체할 수 없어 아들들이 내려온 날을 잡아 은행을 수확하는 잔치를 벌인다.

불과 일주일 전에 아래 사진처럼 운길산 은행나무에서 가을의 멋스러

움을 고고하게 즐기던 나는 시댁 우물가에서 빨강 장화를 신고 물이 빠지는 망자루에 가득 담긴 은행을 마구 밟으며 시골 아낙네가 되어 억척스럽게 은행 알을 벗겨냈다. 은행을 싸고 있는 껍질에서 나는 그 고약한 냄새를 온 집안에 풍기며 아들 며느리 딸 사위 온 식구들이 달려들어 서너 말이 넘는 은행을 수확했다. 냄새가 어찌 지독한지 세 아들들은 일을 마치고 사우나로 빠져나가고 앞마당에 나가보니 모든 잎들을 떨어내고 수십 알 남은 은행만 덩그러니 남아있는 은행나무 세 그루가 할 일을 다 했다는 듯 무심하게 서 있다.

형제간이라고 하지만 이웃사촌보다 못할 때가 많게 얼굴 마주하기 힘든 서울살이에서 그나마 식구들이 모이는 날이라고 해봐야 명절 아니면 부모님 생신이거나 기일인데 가을걷이와 겹치는 아버님 기일은 언제나 아들들이 모여 시골집의 쌓인 농사일을 해결하게 된다.

유난히 많이 달린 은행걷이를 마치고 어머님의 뿌듯해하시는 모습을 보니 내 마음도 기쁘다.

아버지와 아들

"자녀들은 다 그들의 분복(分福)이 있습니다. 자식들이나 손자들에 관한 일들에 대해서는 우리가 눈으로 볼 수 있고, 귀로 들을 수 있지만 입은 다무시고 이러쿵저러쿵 하지 마십시오. 배후에서 조용히 기도하며, 이런 원칙을 세워보는 것입니다. 실없는 말과 능력 밖의 일은 하지 말고 부득이 참여해야 할 일이면 분위기에 맞게 하는 것입니다. 자식들과 손자들이 스스로 독립할 수 있다면 그것은 당신에게 있어서 가장 큰 행운입니다."

- 펌글 -

지난번 규은이가 올려준 글에서 마음에 들어 옮겨온 것이다. 인생살이 중에서 가장 마음대로 안 되는 것이 자식농사인 것을 알면서도 가슴앓이를 하고 남의 집 자식 잘되면 겉으로 웃어주면서도 우리 자식들은 밥을 안 먹였나 옷을 안 입혔나. 왜 저만큼 못할까 하고 배가 아픈 것이 나만의 일이 아니라 우리 모두의 모습일 것이다. 배후에서 조용히 기도하는 어머니가 된다는 것이 얼마나 깊은 사랑과 인내가 필요한 것인지, 우리 집도 예외가 아니어서 나는 오랫동안 부자지간의 관계와 신뢰회복을 위해 기도해왔는데 요즘 들어 나는 참으로 신기한 경험을 하고 있다. 남편과 아들 왕수가 급속히 가까워지는 일들이 생기기 시작하면서 우리 집 가족 간의 역학관계가 균형을 이루어가고 있음을 느끼게 된다.

올 3월부터 남편이 자기 모교의 건설시스템공학부 교수로 임용되어 수업교재를 작성하고 있는데 컴퓨터로 풀어야 하는 수학기호나 계산법으로 남편이 끙끙댈 때면 공대생인 우리 아들이 척척 해결해주어 막히는 고비마다 아들의 도움으로 잘 진행해나가고 있다. 어제 저녁에는 부자가 컴퓨터 앞에서 서로 이마를 마주대고 내가 그토록 바라던 모습으로 공대생들만 아는 언어를 사용하며 교재 작성을 하는 모습을 보면서 얼마나 신기하고 감사한지 혼자 흐뭇하게 바라보았다.

"왕수가 당신 과외선생님이네……."라고 했더니 함박웃음을 지으면서 흐뭇하게 아들을 바라보는 남편이다. 내가 그토록 기도하며 기다려온 아들에 대한 신뢰와 사랑이 묻어나는 아빠의 모습을 보면서 이보다 더 기쁜 일이 있을까 싶어지는 것이다.

명절을 보내고

명절연휴를 보내고 화요일 아침 출근하여 풀린 정신 줄을 커피로 가다듬는데, 막내동서한테 전화가 걸려온다.

"형님……. 엊그제 수고하셨어요. 인사도 제대로 못하고 왔네요. 지수, 형수가 큰엄마가 만든 갈비찜 진짜 맛있다고 하구요. 지수아빠는 고기 구운 거 맛있다네요."

말도 얼마나 예쁘게 하는지, 꿀송이처럼 달달한 것이 명절증후군의 피로감을 확 가시게 한다.

한 5년 전에 남편의 무릎이 아파 시골에 내려가지 못한 이유로 우리 집에서 구정을 쇤 적이 있는데, 그 이후 처음으로 대식구들 음식을 장만하자니 음식 감각이 무뎌져 음식 간맞추기가 어찌 힘들던지 그래도 이것저것 장만한다고 했는데 그 맘을 알아주니 오히려 내가 고맙고 감사하다.

점심식사 전에 간단히 가족예배를 드리고 점심을 먹은 후에는 아이들은 모두 스케이트장으로 가고 어른들은 남녀로 편을 갈라 윷놀이를 하였다. 떡국을 끓여 이른 저녁을 먹고 각자의 집으로 가고나니 피곤하기는 하지만 마음이 훈훈하고 할 일을 다 하고 난 후의 포만감이 몰려온다.

시골형님이 시골음식을 몇 가지 더 장만하여 오셔서 상차림이 푸짐한 것이 또한 고맙고 감사하다. 명절이 힘들기는 하나 가족들이 모여 음식을 나누어먹고 한바탕 웃을 수 있다는 것이 명절이 주는 최고의 선물이 아닐까 싶다.

행복한 고민이지만 이제 남은 일은 불어난 허리춤을 조이는 일뿐이다.

가족이 주는 힘

가족이 주는 힘에 대하여 생각해본다. 10년 전 큰 시숙이 졸지에 돌아가셔서 황망하게 장례를 치르고 온 가족이 큰 방에 모였다. 위로 두 명의 형을 잃은 셋째 아들인 남편이 이제 명실상부한 맏이가 되어 온 가족이 모인 자리에서 한마디 한다. 다들 슬픔을 견디기 힘들어 서로의 얼굴을 바라보기조차 힘들어 하는데 큰 형수님께 약속을 하는 것이다.

"조카들이 제 몫을 할 때까지 작은 아버지들이 힘을 모을 테니 형수님은 너무 걱정하지 마시고 힘내세요."

그로부터 10년이 흘러 큰조카가 다음달 10월에 장가를 간다고 아가씨를 소개하고 상견례를 하였다. 다 좋은데 문제는 이 신혼부부가 살 집을 수도권에서 구한다는 것이 가장 큰 장벽으로 다가왔다. 모아놓은 돈이 없으니 급기야 큰 동서가 당신 집을 팔아 아들 전셋집을 마련해준다고 시골집을 내놓았다. 시골집 100평을 팔아도 서울 근교 15평 전세도 못 얻는다는 현실에 큰동서는 좌절하고 답이 나오지 않는 상황. 작은아버지들이 모여서 회의를 하고 여름 내내 틀니를 새로 맞추느라 우리 집에 올라와 계시던 시어머님도 힘을 모아주시고 하여 결국, 시골집은 그냥 살리고 큰조카로 볼 때 할머니, 3명의 작은아버지, 누나 2명 등이 십시일반으로 돈을 모아 안양 산본에 전셋집을 얻게 되었다. 1억

2,500만원에 15평 주공아파트를 전세로 얻고 다음 달이면 신혼살림을 시작하는 조카를 위해 나는 지금도 기도한다.

가족들이 말없이 응원하며 보내주는 보이지 않는 힘으로 자신감을 얻고 잘 살아가기만을 바란다. 한 번 내뱉은 말에 대한 책임을 지는 것이 이토록 엄중한 것임을 깨닫게 된다. 그리고 집안에 어려운 일이 생길 때마다 십시일반으로 힘을 모아 주는 우리 가족 모두가 눈물겹게 고맙고 가슴으로 감사한다.

6부
평생 감사

평생감사

오늘은 우리 교회에서 『백악관을 기도실로 만든 대통령-링컨』이라는 책을 써서 베스트셀러 작가로 유명한 전광 목사님의 설교를 들었다. 10살 때 어머니 낸시를 잃은 링컨은 어머니로부터 성경책 한 권을 물려받는다.

"사랑하는 에이브(링컨의 애칭)야! 이 성경은 내 부모님으로부터 물려받은 것이다. 내가 여러 번 읽어 많이 낡았지만 우리 집안의 값진 보물이란다. 나는 너에게 100에이커의 땅을 물려주는 것보다 이 한 권의 성경책을 물려주는 것을 진심으로 기쁘게 생각한다. 에이브야! 너는 성경을 부지런히 읽고 성경말씀대로 하나님을 사랑하고 이웃을 사랑하는 사람이 되어다오. 이것이 나의 마지막 부탁이다. 약속할 수 있겠니?"

이보다 더 위대한 유언이 있을까? 한 어머니의 위대한 유언이 링컨이라는 위대한 대통령을 만들고 흑인들이 노예로부터 해방되는 남북전쟁의 승리를 가져오고 그로부터 200년 후 미국에 첫 흑인대통령이 탄생된다. 200년 전에 링컨이 어머니로부터 물려받은 그 낡은 성경책 위에 손을 얹고 검은 링컨이라 불리는 미국의 첫 흑인 대통령 오바마가 대통령 취임선서를 했다고 한다.

전광 목사님의 또 다른 베스트셀러가 『평생감사』라는 책인데 이 책도 내용이 너무 좋다.

그래서 나도 평생감사 365노트를 5,000원에 구입했다. 내가 좋아하는 색인 주황색표지가 너무 마음에 든다. 내 인생을 감사로 물들이며 살아야지……. 새로운 결심을 이 밤에 해본다.

초등학교 아이들과 놀다보니 내 정서도 초등생처럼 점점 어려지는 듯 싶다. 호호!

성탄축하잔치

12월 24일 저녁 성탄축하잔치가 있었다. 각 목장별로 창의적인 프로그램을 만들어서 공연하는데 우리 목장은 인형극을 하였다. 제대로 만든 9개의 각 나라 인형이 한 명씩 등장하며 좀 웃기는 멘트를 날리고 마지막에는 신나는 음악에 맞추어 다함께 춤을 추는 그런 공연이었는데 내 역할은 중국의 양귀비다.

"워짱꽈일라~~ 워짱꽈일라~~ 워짱꽈일라~~ 짱짱꽈일라!"

"저는 중국에서 온 양귀비예요. 실은 교회부엌에서 설거지하다 왔어요. 호호호."

"서울은 성형천국이라 미인이 많다고 하던데 이 교회는 왜 이렇게 예쁜 것들이 없어!"

"그런데 미인이 없는 게 마음에 들어요. 천국 들어갈 때 시간 걸리지는 않겠어요."

"천국가면 한국아줌마들 원본 대조하느라 줄을 길게 서 있다고 하잖아요! 호호호."

"요즘 나는 통 기쁜 일이 없어요.(왜? - 뒤에서 외쳐준다) 왜긴 나이 들어가니까 거울 볼 때마다 신경질이 나고 속상해……. 늘어가는 주름살이 싫어서!"

이렇게 각 나라에서 온 짜증나는 인물들이 자기의 불평을 쏟아내고 맨 마지막에 등장한 천사가 '기쁨'의 선물을 주면 모든 인형들이 신나는 춤을 한바탕 추고 끝나는 시나리오다. 급하게 꾸며서 무대에 오른 것이었지만 나름대로 재미있고 신나는 공연이었다. 공연 후에 사람들이 나 보고 설거지 하는 양귀비라고 웃으면서 한마디씩 하신다.

학교 근무하랴, 교회 봉사하랴, 집안 살림하랴. 아버지 보내 드리랴. 바닥에 등 붙이기 힘들 정도로 바쁘게 살아온 2011년이 어느덧 지고 있다. 하지만 가슴에 훈훈한 등불 하나가 켜있는 듯 감사한 마음이 자리 잡고 있어서 기쁘다.

우리 사랑하는 친구들!

메리 크리스마스 & 해피 뉴이어 하시길…….

달동네 피아노소리

나는 1973년 고등학교 1학년 때 처음 교회에 나가게 되었다. 그 이유는 너무 유치해서 밝히기가 쑥스럽지만 이곳이 문학글방이기에 이야기 삼아 풀어본다. 내가 자란 동네는 대전에서도 가난한 동네로 피난민들이 판자 집을 다닥다닥 짓고 살던 달동네였는데 우리 동네에 유일하게 피아노가 있는 집이 딱 한 집 있었다. 그 집에서 울려나는 피아노소리는 내가 달동네에 살지만 피아노 소리를 듣고 산다는 우월감까지 갖게 해주었는데, 어느 날부터 내가 그 집에서 피아노를 배우게 되었다.

당시 내가 다니던 여고에서 1인 1악기 연주를 권장한다면서 기악시험을 성적에 반영한다고 전에 없던 발표를 했다. 그 바람에 어쩔 수없이 피아노 시험을 치기 위해 음악에 관심도 없고 돈도 없어서 생각지도 못했는데, 팔자에 없는 피아노 레슨을 받게 된 것이다. 피아노를 전공하는 고등학교 2학년 애자 언니한테 배웠다. 바이엘 1번부터 배우다가 그 후에는 66번 만 매일 반복해서 치게 되었다. 시험을 보기 위해 짧은 시간에 안보고 칠 수 있는 것을 선택해야 했으므로, 남는 시간에 그 언니가 쳐주는 '닥터 지바고'의 주제곡이나 '유모레스크', '엘리제를 위하여' 등을 들으면서 노닥거리던 어느 날이었다.

그 언니가 내게 속삭이기를 자기가 다니는 교회에 가면 우리 초등학교 동창생인 모범생이었던 김방식, 정진희가 있다면서 한 번 가자고 꼬셔대는 것이었다. 그 언니의 꼬임에 넘어가는 통에 피아노 연습을 게을리 해서 '바이엘 66번'도 제대로 외우지 못하고 타고난 음치인 나는 기악시험을 엉망으로 치르게 되었다.

그러나 그 일을 계기로 초등학교 동창들이 다닌다는 그 말에 호기심이 발동한 나는 교회 고등부에 처음으로 발을 들여놓으면서 교회를 다니게 되었던 것이다. 그 남자 친구들 만나는 재미와 성경공부에 빠져서 매주 토요일 오후에 고등부 예배를 보기위해 교회출입을 한 달 정도 하던 어느 날 드디어 딸의 행동을 수상히 여기신 아버지의 불같은 호출을 받게 되었다. 아버지 앞에 무릎을 꿇고 앉아 우리 집에는 아무도 교회 다니는 사람이 없는데 너는 하라는 공부는 하지 않고 예배당만 다니느냐! 예배당이 연애당이라던데 질 나쁜 애들하고 사귀면 안 된다. 교회 다니는 사람들 보면 하나같이 쓸 만한 사람들이 없더라. 말씀 잘하시기로 우리 아버지 따라 올 사람이 또 있을까?

구구절절이 당신 주장만 하시는 무서운 아버지 훈계를 들으면서 "아버지, 사람에게는 4가지 자유가 있대요. 선거의 자유, 언론의 자유, 집회의 자유, 종교의 자유! 그 중에 종교의 자유가 있으니 나는 기독교에 대해서 알고 싶어요." 두렵고 떨리는 가슴을 진정시키며 나는 당당하게 말했던 것이다.

할 말을 잃고 나를 뚫어져라 바라보시던 아버지는 "교회 다니면서 네가 학교성적이 떨어지지 않는다면 말리지는 않으마. 하지만 성적이 떨어질 때에는 절대 교회 못 보내니 그리 알아라." 반승낙을 받아낸 나는 그날부터 몰래 다니던 교회를 아주 당당하게 다닐 수 있었다. 토요일 일요일을 교회에서 살다시피 하던 나는 부끄럽게도 학교성적이 점점 떨어져서 언제 교회금지령이 떨어질지 모르는 불안한 교회생활을 했던 것이다.

2003년 여름에 우리 남편이 완고하기로 소문이 난 81세의 친정아버지에게 복음을 제시했다. 인간의 죄 부분에서 이야기를 듣던 아버지는 "나는 죄인이야. 부모 버리고 혼자 살겠다고 피난 내려와서 지금까지 효도 한 번 못했으니 나는 죄인이지……."하시면서 눈물을 보이시는데 나도 그만 콧날이 시큰했단다. 그 후 편지도 보내고 성경도 보내드렸더니 심심하면 들여다보시는 모양인데 나의 고교시절 그래도 교회 나가도록 내게 길을 열어주셔서 복음의 씨앗을 뿌릴 수 있게 해 주신 내 아버지가 지금 생각하면 너무 감사하다.

날라리 심순영

순전히 사춘기적인 호기심에서 교회를 다니던 내가 무슨 은혜를 알며 복음을 알았겠는가! 그러나 기독교인이라는 내 나름대로의 줄을 세워놓고 있었기에 의무사교회에서 세례를 받고 교회를 다니게 되었다. 매 주일이면 3학년 선배님들이 성경책을 옆에 끼고 1학년 숙소를 돌면서 "교회 갑시다, 예배 보러 갑시다."하고 외치면서 다니는데 그 소리가 어찌나 반갑지 않은지.

친구들과 놀러나가기로 약속한 어느 일요일 아침, 교회 가자고 여지없이 나타난 김시임, 박명숙 등 3학년 선배님들의 목소리가 들려오는데 나는 그만 교회에 끌려가기 싫어서 얼른 캐비닛 속으로 들어가서 숨을 죽이고 있었다. 심지어 어떤 날은 침대 밑으로 기어들어가 웅크리고 앉아있던 기억도 난다.

얼마나 철없고 우스꽝스러운 날라리 심순영의 모습인지……. 지난 번 만난 이순례의 말이 하나도 틀린 말이 아닌 것이다. 그런 나였지만 3학년 때에는 규은이, 선애, 영남이, 원명숙, 박명희 등 좋은 믿음의 친구들과 새벽송도 많이 돌고 제법 착실하게 교회에 다니기도 했던 것 같다. 그러나 복음에 눈을 뜨기에는 여전히 부족한 것이 많은 시절이었다.

갓 이즈 그레잇

마산병원은 당시 천형이라고 불리던 결핵을 다루는 병원이어서 그런지 다른 병원보다 보이지 않는 영적 싸움이 치열한 곳이었다. 한 번은 중환자실 station에서 간호장교들 다 모이라고 진료부장님의 호출이 있다기에 갔더니 전방에 근무하다가 결핵에 걸려 마산병원 중환자실에 입원해 있던 어떤 일반군의관의 X-ray사진을 걸어놓고 사람들이 웅성거리고 있었다. 내용인즉, 그 군의관이 40일전에 기도원에 금식기도를 간다면서 결핵약을 다 버리고 가서 금식기도를 많이 하고 왔는데 가기 전에 X-ray와 40일 후의 X-ray사진을 비교해서 걸어놓은 것이었다.

진료부장은 놀라서 동그래진 눈으로 가기 전에 찍은 사진에서 분명히 보이는 한쪽 폐에 있는 서너 개의 cavity에 동그라미를 그려놓고 기도하고 온 후에 사진에서는 그 cavity가 사라진 것을 확인시켜주면서 날짜와 사람이름까지 증거로 보여주는 것이었다.

"이것은 기적이야, 기적이야" 연신 혼잣말을 하는 진료부장 옆에서 다들 놀라워했는데 방사선과과장의 X-ray 결과지에 적어놓은 코멘트가 더욱 우리를 기가 막히게 했다.

"God is great!"

초등학교 동창 방식이

임관 1년 후에 수술실교육을 받으러 수도병원으로 가게 되었다.

어느 날 대전 집에 갔는데 아버지가 부르시더니 "너 방식이 알지?"하시는 것이 아닌가. 나는 그 친구랑 아무런 썸씽도 없었는데도 가슴이 뜨끔해서 왜 그러시냐고 물어보니 그 친구 아버지가 우리 집에 조심스럽게 찾아와서는 자기 아들이 군에 갔는데 결핵에 걸려서 창동병원에 입원해있다는 것이었다.

같이 교회 생활도 하고 학교동창이기도 하니 내가 자기 아들을 찾아가서 어떻게 지내고 있는지 알아보아 달라고 부탁을 했다는 것이다. 사실 방식이랑 속 깊은 말 한마디 한 번 나누어본 적도 없지만 나를 교회에 다니게 해준 이름이요 고등부 친구였다는 단순한 이유로 나는 통닭을 한 마리 사들고 창동병원에 가서 그 친구를 만나게 되었다. 그 친구가 말하길 자기는 잘 있다면서 군의관님을 잘 만나서 오히려 신앙생활 잘하고 은혜 가운데 있다는 것이었다. 군의관이 누구냐고 물어보니 이게 웬일인가 지금 그 군의관 이름은 잊어버렸지만 마산에서 기도로 결핵을 이긴 그 군의관이 다 나아서, 창동병원 결핵병동에서 내과군의관으로 있으면서 내 친구의 주치의로 근무하고 있었던 것이다.

이미 그 군의관으로부터 기도로 결핵을 이긴 이야기를 다 듣고 방식이도 성령 충만한 얼굴로 찾아간 나보다 더 해같이 빛나는 얼굴을 하고 있었다.

그 방식이는 현재 현대자동차 중견간부로 있는데 지금도 가끔 해외 출장을 가면 여기저기 세계 곳곳에서 그림엽서를 보내주는 옛 친구로 남아있다.

춘천 야전병원에서

춘천병원은 병원 내에 교회가 없어서 적십자 봉사실을 교회로 사용하였는데, 당시 군의관 중에 김명화의 오빠(김기덕 외과의)가 있어서 우리에게 큰 힘이 되고는 했다. 그 오빠는 그야말로 KS마크로서 수술도 얼마나 잘하든지 지금은 일산에서 김기덕 외과병원을 운영하고 계신다. 얼마 전에 일산 사는 우리 조카애 탈장수술도 그 병원에서 했다.

그 오빠가 주축이 되어서 1주일에 한 번씩 점심시간에 만나서 QT공부도 같이 하고는 했는데 그 중에서 조은제라는 군의관이 아직도 내 기억에 남아 늘 마음에 은혜가 되고는 한다. 이 사람은 찬송을 정말 잘했는데 매일 퇴근해서 집에 갔다가 밤 10시경 환우들이 잠들 시간에 다시 병원에 나타나서는 우리 간호장교들을 한두 명 불러내어 각 병실마다 돌면서 말씀 한 구절 읽고 조용한 찬양을 한 곡 불러주고 기도를 해주는 것이었다.

그 영혼 사랑하는 마음이 얼마나 풍성한지 그 감동이 우리를 감격하게 하고 그 감격이 또한 하나님을 감복시키시고도 남음이 있을 정도였다. 지금은 춘천에서 베드로 정형외과를 운영하며 간호사들을 선교사로 파송시키고 훗날 본인도 일본에 선교사로 나갔다는 소식을 전해 들었다.

쓸쓸하고도 기쁜 이야기

작년 구정 때에 우리 부부는 장항선 기차 속에서 두런두런 시골 형님에 대해 이야기를 나누면서 내려가게 되었다. 옆집에 사는 사람하고 소소한 땅 문제로 형님이 속을 끓이신다는 이야기가 간간히 들려오고는 했기에 "조금만 너그럽게 이해하면 될 일을 왜 그러시는지 원"하면서 남편이 편치 않은 기색을 내비치는 것을 놓치지 않고 얼른 내가 옆에서 "그러니까 이제 형님도 교회 나가시도록 우리가 힘써보자 그래야 마음이 평안하시지" 매사에 하나님과 연결해서 말하는 내 말에 늘 시큰둥하던 남편도 그날은 왠지 고개를 끄덕이면서 동의를 하는 것이었다.

구정을 잘 보내고 서울 올라오는 날 오후에 내가 남편의 옆구리를 쿡쿡 찌르면서 형님한테 한 번 교회 나가시도록 권해보라니까 쑥스러워 헛기침을 하던 남편이 "식혜나 한 그릇 내오지"하면서 마지못해 형님 계시는 방으로 들어가는 것이었다.

형님과 마주 앉아 "형, 형도 이제 교회 좀 나가세요. 옆집에서 우리 집 땅을 밟고 다니면서 지저분하게 해놓는 것, 그런 것도 교회 다니면 좀 너그럽게 이해가 되고 교회에서 좋은 사람들과 사귀고 교제 나누면 생각의 폭도 넓어지고 하니까 교회 좀 나가세요 예?"라 했다. 남편은 형을 붙들고 세상을 좀 더 편하게 살기 위해서 교회에 나가면 좋다는 식으로 말을 이어가는 것이었다. 말을 다 듣고 난 시숙은 고개를 들면서 "난 말여, 종교를 가진다면 불교여……."하시는 것이 아닌가. 남편이 전한 말이 틀린 말은 아니지만 제대로 된 복음도 아니었기에 어딘가 미진한 마음으로 우리는 그냥 서울로 오게 되었다.

그 후 한 보름쯤 지난 후에 나는 어머니께서 나가시는 시골교회 목사님에게 전화를 걸어 큰시숙에게 한 번 찾아가 주십사 부탁을 드리게 되었다. 하루하루 도시생활에 바쁜 우리는 목사님께 전화로 부탁한 사실조차 잊고 봄, 여름이 가고 이제 추석이 되어 또 시골에 내려가서는 제사상을 차려놓고 차례를 지내려고 하는데 제주인 큰형님이 보이지 않는 것이었다. 한참 후에 큰형님은 성경책을 들고 나타나셔서 혼자 제사상 앞에서 성경책을 펼치시고는 기도를 하는 것이 아닌가? 기도를 마치더니 "이번 추석까지는 이렇게 절충해서 제사 드리고 다음부터는 추모예배로 드리자."하시는 것이었다.

큰동서에게 들으니 내가 목사님께 전화 드린 다음날 목사님이 찾아오셔서 큰시숙에게 복음제시를 하시고 교회 나오시도록 권유했다는 것이었다. 그 주일에 교회차량이 마을에 들어오는 시간은 가까워오는데 어찌할 바를 몰라 하던 시숙이 평상복을 입은 채 도망간다는 것이 그만 교회차량과 딱 마주쳐서 첫날은 할 수 없이 교회를 나가셨다는 것이다. 그날 이후 그렇게 열심히 교회출석을 계속하셨다는 놀라운 이야기였다.

그 해 봄부터 가을까지 남편과 나는 전도폭발이라는 훈련을 받고 있었는데 복음을 전한다는 것이 쉬운 것이 아니라는 것을 깨닫고 제대로 된 복음을 한 번 전해보자는 나름대로의 필요성 때문에 그 프로그램에 참여해서 복음을 전하는 방법을 배우고 있는 중이었다.

추석 지나고 두 달 후에 있을 시아버님 기일에는 우리도 추모예배를 드려보자는 확고한 믿음이 생기면서 우리부부는 먼저 막내 시동생 부부를 전도하고 손아래 동생들에게 하나하나 동의를 구해서 드디어 작년 아버님 기일을 기해 제사를 폐하고 추모예배로 드리게 되었다. 예배 후에 아버님에 대한 기억을 한 명씩 돌아가면서 이야기하는 시간을 가졌는데 어린 시절 아버님이 퇴근 후에 달빛을 의지해서 밭에서 일하시던 모습과 겨울이면 손끝이 갈라져서 늘 연고를 바르시던 모습 등을 떠올리면서 목석같은 시동생들이 울먹이니 모두 눈물을 머금을 수밖에 없었다. 그날 남편은 큰시숙에게 차근차근하게 복음제시를 하는 시간을 갖게 되었고 큰시숙은 주님을 시인하고 예수를 영접하는 아름다운 모습을 우리에게 보여주셨던 것이다.

그 감격이 채 가시기도 전에 우리 시숙은 자기가 주님을 시인한지 딱 1년이 되는 날 돌아가셨다. 무엇이 그리도 급해서 서둘러 이 땅을 떠나가셨는지 안타깝지만 그 영혼은 분명 구원받았으리라 믿는다.

사랑하는 이문수 선생님께

요즘 수험생 기도회가 저녁마다 교회에서 열리고 있어서 매일 교회에 갑니다. 왕수와 부현이에게 마음의 평안함과 집중력을 허락해달라고 기도하고 있습니다. 내 이름을 아시고 내 생각도 아시는 주님께서 우리의 세밀한 부분까지 터치하시고 지켜주시리라는 믿음을 가지고 매일 주님 앞에 나아가 아이들의 이름을 주님 앞에 내어놓으며 선한 길로 인도해 달라고 간구하고 있습니다. 어떤 결과가 올지라도 주님 앞에 굴복한다면 그 결과마저 축복이 된다는 생각으로 기도하니 작년에 비해 올해는 이상하리만치 제 마음이 평안하고 두려움이 없습니다.

또한 매일 기도할 때마다 성남의 한 여고 국어교사이신 선생님의 모습을 떠올리면서 간구하고 있습니다. 학교에 있다 보면 젊은 교사들에 비해 연세가 있으신 선생님들이 더 시간에 철저하고 매사에 남에게 피해를 주지 않으려고 책임감 있게 일하시는 것을 종종 보면서 마음속으로 늘 그런 선생님들에게 존경심이 들고는 했습니다. 몇 년 동안 구역모임에서 보아온 선생님께서도 깔끔하신 성품 그대로 맡으신 일에 최선을 다해서 근무하셨으리라는 것은 미루어 짐작하고도 남음이 있습니다.

그런 성품의 선생님께서 수능의 계절 이 11월에 하루 종일 누워계셔야 한다고 생각하면 그 마음이 얼마나 애가 타실까, 저도 학교현장에 있기에 그 마음이 충분히 느껴집니다.

하지만 지금은 그 모든 책임과 할 일을 내려놓고 무조건 쉬셔야 할 때입니다. 아마도 스스로 알아서 쉬지 못하기 때문에 주님께서 아주 특별한 쉼을 허락하신지도 모릅니다.

"내 사랑하는 딸아……. 너 요즘 너무 힘들지? 내가 너를 잘 안다." 하시면서 말이죠. 모든 일에 우연은 없기에 이번 일 또한 합력하여 선을 이루시는 하나님의 놀라운 계획하심이 있다고 믿어봅니다.

지난 구역 모임에서 저는 많은 감동을 받았습니다. 미리 그렇게 하자고 약속한 것도 전혀 아닌데 주님 안에서 만난 한 공동체의 지체라는 이유 하나로 따뜻한 마음을 서로 나누고 사랑의 수고를 하는 모습들을 보면서 그 사랑이 얼마나 좋은지 마음이 훈훈해지고 말로 다할 수 없는 감동이 밀려왔습니다. 우리는 이미 우리를 위해서 죽으신 예수님 때문에 사랑의 빚을 진 자들이고 그 빚을 갚을 일만 남은 인생이지만 그래도 주 안에서 나누는 따뜻한 사랑의 손길 앞에서는 언제나 마음이 열리고 감동을 하게 됩니다.

어느 목사님의 말씀 중에 누가복음 4:40 "해질 무렵에 사람들이 온갖 병자들을 데리고 나아오매 예수께서 일일이 그 위에 손을 얹으시고 고치시니" 이 대목에서 그 목사님은 늘 감동이 온다고 고백하시는 것을 들었습니다.

그렇게 능력이 많으시고 기적을 일으키시는 예수님이 왜 밀려오는 병인들을 한꺼번에 한 말씀으로 명령하셔서 '다 나으라.'하지 않으시고 일일이 병자들의 앓는 부위에 주님의 손을 얹으사 고치셨을까 생각하면 주님은 한 영혼 한 영혼에 관심이 있으시지 결코 한 무리의 사람들이나 관중들에게는 관심이 없으신 것을 알 수 있습니다.

그런 주님의 한 영혼에 대한 관심과 사랑의 손길이 지금 이 시간에도 선생님의 아프신 그곳을 만져주시고 터치해주셔서 속히 회복되기를 간절히 기도합니다!

지난번에 선생님께서 하나님을 만난다고 사람들은 말을 하는데 어떻게 만나는 건지 정말 궁금하시다는 말씀을 듣고 선생님의 그 솔직하신 물음에 명쾌한 해답이 뭘까 저도 또한 궁금한 생각이 들면서 고민이 되었습니다.

그런데 요한1서 4:12의 "어느 때나 하나님을 본 사람이 없으되 만일 우리가 서로 사랑하면 하나님이 우리 안에 거하시고 그의 사랑이 우리 안에 온전히 이루어지니라……."라는 이 말씀을 들으면서 '바로 이것이 해답이다.'라는 느낌이 들었습니다. 우리가 서로 사랑하는 이 순간이 하나님이 살아 역사하시는 순간이라는 것입니다.

언젠가 조용기 목사님이 말씀하시기를 한 자매가 목사님을 찾아와서는 예수님의 주소를 종이에 적어달라고 떼를 쓰더라는 것이었습니다. 갑자기 목사님도 당황이 되어서 예수님이 무슨 주소가 있느냐고 큰소리를 치고는 다음 주에 다시 한 번 찾아오라고 그 자매를 돌려보낸 다음 일주일동안 기도하면서 고민을 하는데 갑자기 말씀 한 구절이 생각나면서 바로 이거로구나 싶더랍니다. 그래서 다음 주 그 자매가 왔을 때 종이를 내어놓고 우선 그 자매의 집주소를 적으라고 했답니다.

그리고는 요한복음 14:10~11 말씀 "내가 아버지 안에 거하고 아버지는 내 안에 계신 것을 네가 믿지 아니하느냐. 내가 너희에게 이르는 말은 스스로 하는 것이 아니라 아버지께서 내 안에 계셔서 그의 일을 하시는 것이라. 내가 아버지 안에 거하고 아버지께서 내 안에 계심을 믿으라. 그렇지 못하겠거든 행하는 그 일로 말미암아 나를 믿으라."을 들려주면서 자매가 진정 예수님을 믿는다면 그 예수님이 자매의 마음속에 있는 것입니다.

"그러므로 예수님이 계신 주소는 바로 자매가 살고 있는 집주소입니다."라고 알려주었더니 그 자매가 바로 깨닫고는 연신 감사하다면서 돌아갔다는 것이었습니다.

저도 이 말씀을 듣고 나서 내가 예수를 주라 시인하고 내 마음으로 믿으면 내 안에 주님이 살아계시고 매 순간마다 나를 도우시겠구나 하는 생각이 들었습니다.

1991년, <사랑의 교회> 옥한흠 목사님이 결핵으로 일 년 동안 목회를 쉬고 하와이에서 요양을 하면서 몸을 추스르신 후에 다시 교회로 돌아와 처음 설교를 하신 것이 로마서강해라고 합니다. 1년 반에 걸쳐서 매 주일마다 로마서를 처음부터 끝까지 설교를 하셨는데 그 주옥같은 복음의 진수가 절절하게 녹아져 있음을 듣게 됩니다.

연약한 육신 때문에 목사님이 강단을 내려와야만 할 때 그 마음이 오죽했을까요? 길을 잃은 양떼처럼 목회자를 잃은 교인들을 생각할 때마다 병상에 누워서 그 마음이 얼마나 아팠을까요? 그런 생각을 하면서 이 설교를 듣고 있노라면 마치 이 설교를 하다가 이 강단에서 쓰러져도 좋다는 목사님의 대단한 열정과 교인들을 향한 사랑이 전해져옵니다.

52회에 걸친 옥 목사님의 주옥같은 설교집 『내가 얻은 황홀한 구원』을 선생님께서 꼭 들어보시기를 간곡히 권해드립니다.

저는 개인적으로 이 설교가 너무 좋아서 2년 전에 매일 출근할 때마다 이 설교테이프를 집중해서 듣고자, 한 30분 일찍 집을 나와서 자동차소리가 나지 않는 한솔공원으로 일원터널 위 산길로 아파트 골목으로 걸으면서 테이프를 듣고 다 듣고 나면 지하철을 타고는 했습니다.

그때의 감격을 장예순 샘에게 전했더니 그분도 한권을 저한테 빌려다가 듣고는 너무 좋다고 하시면서 아예 5권을 다 사서 듣고 캐나다에 있는 서영이에게 꼭 들어야할 테이프를 동그라미를 쳐서 보냈다고 하더군요.

선생님! 이 설교집 꼭 들어보시고 그 구원의 감격을 그 낭랑하신 음성으로 저희들에게 간증해주시면 얼마나 좋을까요. 기대해 봅니다.

예전에 제가 방통대 영문과 졸업논문을 못 써서 애가 탈 때 선생님께서 선뜻 교수님께 부탁해 주시고 도움을 주셔서 정말 큰 힘이 되고 수월하게 졸업을 할 수 있었습니다. 그 은혜 아직도 잊지 못하고 있습니다. 제가 워낙 충청도 토박이라 매사에 발동이 늦게 걸리고 표현이 늦습니다. 하지만 주님 사랑하는 마음만큼은 누구에게도 뒤지고 싶지 않고 그 사랑을 전하는 일에도 이렇게 용기를 내어봅니다.

"거친 파도 날 향해 올 때 주와 함께 날아 오르리 폭풍 가운데 나의 영혼 잠잠하게 주를 보리라 주님 안에 나 거하리 주 능력 나 잠잠히 믿네."

이 찬양을 도미니카공화국에서 온 형제들이 한국말로 눈을 감고 은혜롭게 부르는 것을 보고 많은 은혜가 되었습니다. 선생님께서도 용기 잃지 마시고 거친 파도가 일어나는 것 같은 이 고난의 시간에 주와 함께 날아오르는 것 같은 은혜의 시간이 되시기를 기도합니다. 선생님의 영혼이 주님을 구하고 바라볼 때 이미 그 주님께서는 마치 기다리고 있었다는 듯 선생님의 눈을 맞추시고 선생님의 간구를 들어 주실 줄로 믿어 의심치 않습니다! 선생님 주 안에서 사랑합니다.

– 심순영 드림.

형님에게

오늘은 8월 25일 저희부부의 결혼 21주년이 되는 날이네요. 왕수아빠에게 쓰려던 편지를 지우고 형님에게 편지를 씁니다. 돌아보니 형님이나 저나 이제 50대 중년부인이 되어 머리도 희끗해지고 형님은 벌써 할머니가 되어 버렸네요. 호호호.

제가 처음 시골집에 인사 오던 날 보니 지수아빠는 대학교 합격하고 살이 통통하게 올라서 귀여워 보였고 혜정이는 초등학교 입학하기 바로 전이었고 막내 선수는 겨우 똥오줌 가릴 때였지요. 그동안 참 기쁘고 슬픈 많은 일들이 우리에게 일어난 것 같아요. 그런 일들을 다른 동서들보다 형님과 제가 제일 많이 보고 겪으면서 21년이라는 세월을 거쳐 오늘에까지 다다른 것 같네요.

저는 시집오기 전에는 직업도 간호장교라서 병원에서 딱딱한 생활을 해서 그런지 몰라도 정말 매몰차고 쌀쌀맞고 이기적이고 자존심 강하고 피도 눈물도 없고 웃음도 없고 욕심은 많은 그런 사람이었어요. 제 동생 말에 의하면 제가 너무 이기적이고 냉정해서 옷 한 번 빌려 입기도 어려웠다고 하더라구요. 지금의 저를 보면 다소 이해하시기 어렵겠지만요. 그런 못된 성격의 제가 시집오고 나서 뱃속의 태아를 둘이나 잃고 외할머니, 시아버님, 작은 아주버님, 큰아주버님을 차례로 잃으면서 제 모습은 참 많이도 변해 버렸어요. 그 많던 욕심은 어디로 갔는지 다 사라지고 눈물 많고 정 많고 사랑 많은 아줌마로 변한 것 같아요.

어제는 수요일이라 교회 가서 예배를 드리는데 기도를 하면서 어찌나 눈물이 나는지 손수건 한 장을 다 적시고 말았어요. 이 독한 저를 순하게 만들어 놓으신 하나님의 사랑에 감격해서 울고 제 속의 욕심과 미움과 분노를 녹여주신 예수님 사랑에 감격해서 울고 십자가에서 예수님이 "서로 용서하라"고 하신 그 말씀 때문에 다른 사람을 쉽게 용서할 수 있음에 감사해서 또 눈물이 나고는 합니다. 제 안의 독기를 눈물로 다 빼내시려고 왕수 낳기 전에 두 번이나 저에게 그런 시련을 주신 것이 아닌가 하는 생각이 들 때도 있답니다. 또한 오만하게 살지 말고 겸손하게 살라고 부현이에게 연약함을 주시고 끊임없이 기도하게 하시는지도 모르지요.

형님! 저는 감히 말하고 싶어요. 눈에 흙이 들어갈 때까지 형님, 동서들 조카들과 우애를 나누며 살고 싶어요. 옛날의 저를 생각하면 우리 형제들을 향해서 그런 마음이 드는 제가 너무 기특할 때도 있어요. 아무리 생각해도 하나님이 제 마음 속에 심어 놓으신 사랑의 씨앗이 자라나서 이제 잎과 줄기가 무성하게 생긴 것이 아닌가 싶어져요. 선수 왕수 경수 지수 형수도 형제들처럼 가까이 지내고 사랑을 나누며 살도록 해야겠지요. 사촌끼리 싸우는 것을 아직 한 번도 본 적이 없네요, 우리 형제들이 이렇게 서로 사랑하며 살게 되기까지 묵묵히 뒤에서 농사일로 집안 일로 늘 애를 쓰며 내색하지 않고 살아오신 형님의 숨겨진 사랑이 있었음을 다른 사람은 몰라도 저는 확실히 알지요. 형님 혼자 힘들게 사시지 않도록 큰 힘은 못 되더라도 늘 애써 볼게요.

혜정이도 선생님으로 제 몫을 훌륭하게 잘 해내고 있고 현정이는 결혼하고 나더니 더 어른스럽게 엄마마음도 헤아릴 줄 알고 선수도 이제 철이 들어서 자기 목표를 세우고 그 길로 곧게 나아가고 있고 무엇보다 착하고 든든한 사위에 모든 시름 잊게 하는 외손녀 성미까지 있으니 형님은 성공한 인생이세요. 저는 늘 형님 이름을 부르면서 기도합니다.

유윤자 우리 형님에게 늘 마음의 평안을 주시고 하나님의 은혜를 퍼부어 주셔서 남은 생애를 축복하여주시기를 간절히 원한다고요.

- 2005년 8월 25일 서울에서 왕수엄마가 씀

진심으로 아끼는 친구 현숙아

언젠가 동기회 마치고 너와 같이 광화문에서 402번 버스를 탔다가 울렁증이 나서 우리는 신사동에서 내렸지.

그때 나는 나의 신앙고백을 했었던 것 같다.

어느 날 꿈속에 흰옷 입은 분이 나타나서 손은 내 남편을 향하고 눈은 나를 바라보시면서 "이는 내 뼈 중에 뼈요 살 중에 살이니라."(창 2:23)하시는데 꿈에서 깨어나고 한참 뒤에야 그 뜻을 알게 되었다고 우리 가정에 어려움이 있을 때 내가 그리도 여러 날을 금요철야에 가서 멈추지 않는 눈물을 흘리며 주님 앞에 회복을 구할 때, 한 번도 우리 남편이 불쌍하다는 생각을 하지 못했는데 그 꿈을 꾸고 난 후에는 내 뼈가 녹아내릴 때 내 남편의 뼈도 녹아내리고 내 살이 아파 죽을 것만 같을 때 내 남편의 살도 아파서 비명을 지른다는 사실을 깨닫게 되었다고 말이다.

그 후로 마음을 다해 남편의 구원을 위해서 정말 깊이 기도하고 노력했다. 지금은 남편이 나보다 더 깊이 하나님의 말씀에 가까이 서 있고 지난 주일에는 가정예배를 드리는데 예배 후에 많은 감동이 있었는지 남편이 독창을 하겠다고 손을 들어서 하라고 했더니 그 찬송이 부현이 재수시절에 추가합격을 기다리면서 감동 받았던 찬송이었다. 구정 때 시골에서도 불렀었다.

눈물 많은 내가 어찌 울지 않을 수 있었겠냐.

돌멩이 같이 딱딱한 남편의 마음을 저렇게 솜사탕같이 녹여주신 주님의 만져주심이 너무 감사해서 식구들이 보는데도 참 많이 울었단다.

그 찬송은 312장인데 가사가 참 마음에 든다.

1 너 하나님께 이끌리어 일평생 주만 바라면
너 어려울 때 힘주시고 언제나 지켜주시리
주 크신 사랑 믿는 자 그 반석 위에 서리라
2 너 설레는 맘 가다듬고 희망 중 기다리면서
그 은혜로우신 주의 뜻과 사랑에 만족하여라
우리를 불러주신 주 마음의 소원 아신다
3 주 찬양하고 기도하며 네 본분 힘써 다하라
주 약속하신 모든 은혜 네게서 이뤄지리라
참되고 의지하는 자 주께서 기억하시리 아멘

왕수가 군에 가기 전 날 우리가족이 부른 찬송은 336장이었다. 너는 부른 기억이 없다고 우기지만 나는 지금도 그림처럼 선명하게 기억하는 군사학기 때 AB반 모두 앉아서 들었던 현숙이 네가 군복입고 부른 그 찬송 <환난과 핍박 중에도 성도는 신앙 지켰네>을 부르면서 왕수가 군에 가서 신앙을 지키고 건강하게 돌아오기를 바랬다.

현숙아. 어제 네가 전화해주어서 정말 고마웠다. 니가 정말 밉다는 너의 말이 사랑한다는 말로 들리니 이를 어쩌겠니? 삶의 형편은 때론 어렵기도하고 넉넉하기도 하는 것, 나는 정말 그런 것이 종이 한 장 차이라고 생각한다.

이 세상의 고난 중에서 가장 극복하기 쉬운 고난이 경제적 어려움이라고 하더라. 경제적으로 어려움을 맞은 우리 막내동서에게도 내가 말했다.

자식이 아픈 것보다 돈 2~3억 잃은 것은 훨씬 고통이 적은 것이라고 그러니 빨리 극복하고 더 열심히 살아보라고 말이다. 아마도 지금 너는 경제적인 것보다 엄마 때문에 마음이 가난해져 있겠지.

산상수훈에는 심령이 가난한자는 천국이 저희 것임이라고 했는데 지금 너의 영혼은 하나님을 바라고 있는지 궁금하다.

"너희는 여호와를 만날 만한 때에 찾으라 가까이 계실 때에 그를 부르라 악인은 그의 길을, 불의한 자는 그의 생각을 버리고 여호와께로 돌아오라 그리하면 그가 긍휼히 여기시리라 우리 하나님께로 돌아오라 그가 너그럽게 용서하시리라 이는 내 생각이 너희의 생각과 다르며 내 길은 너희의 길과 다름이니라 여호와의 말씀이니라 이는 하늘이 땅보다 높음 같이 내 길은 너희의 길보다 높으며 내 생각은 너희의 생각보다 높음이니라"(이사야 55:6~9)

"하나님을 만날 만한 때에 찾으라 가까이 계실 때에 그를 부르라"

어디선가 부드럽게 들려오는 이 음성을 너의 영혼이 들을 수 있기를 바란다. 하늘의 신령한 것을 사모하고 사는 사람은 이 땅을 광야로 생각하고 이 땅의 것에 큰 미련이 없다는 것을 나는 이제는 조금 알 듯도 하다.

이제와 생각하니 남들은 평탄하게 가는 길을 나는 유난스럽게도 어렵게 걸어오면서 그런 눈물어린 고난이 있었기에 지금 나는 하나님의 품에서 떠나지 않고 이렇게 붙들려서 주님의 사랑을 받으며 행복한 은혜를 누리고 있다고 감히 말하고 싶다.

한때 순전한 믿음을 가졌던 너도 이런 은혜를 누리기를 소원한다. 오래전 수도병원에서 일할 때 너와 나는 약간 어색했던 적도 있었지. 남의 일이라도 그냥 넘기지 못하는 오지랖 넓은 성격 탓에 너나 나나 자기 일도 아니면서 얼굴 붉히고 데면데면하게 지냈던 게 아닌가 생각한다.

그런 일들도 지금 돌이켜보면 서로의 마음을 가까이에 두고 있었기에 상처도 생기는 것이 아니었나 싶다. 무관심한 사람들하고는 절대 아무런 일이 일어나지 않거니와 또한 마음 상할 일도 없으리라. 이제 와서 너에게 처음 말하지만 그때 우리가 서로 어색하게 지낼 때 내가 둘째 아기 유산시키고 쉬고 있었는데 어제처럼 너의 전화를 받았다.

"뭐 필요한 거 없니?"

참 떼기 어려운 말을 하던 너의 목소리가 아직도 기억에 생생하다. 눈물을 삼키면서 전화를 끊고 그날 나는 정말 엉엉 소리 내어 실컷 울었다. "저 친구에게 건강한 아들을 두 명이나 허락하신 하나님이 왜 나에게는 이런 시련을 주십니까? 저는 정말 친구에게 동정 받으며 살고 싶은 생각이 없는 사람인데 왜 이렇게 비참하게 하십니까?"라는 생각 때문에 무너진 자존심이 서러워서 더 많이 울었던 것 같다.

사람의 생명은 하나님의 주권 아래 있는 것이기에 두 번이나 아이를 잃는 그 일로 인해서 사실 나는 나의 오만과 자존심을 오로지 내려놓을 수밖에 없었다. 한없이 낮아진 나는 세상에 내 힘으로 할 수 없는 일이 있다는 것을 알았고 너에 대한 나의 어색한 마음도 그 날 이후 거의 녹아진 것 같다. 그런 채찍질이 나라는 사람을 다루시는 하나님의 또 다른 사랑의 표현이었다는 것을 나는 지금 가슴으로 알고 있으며 그 사랑에 감사를 하고 있다.

현숙아, 하나님을 만날 만한 때에 만나는 사람이 복되다고 생각한다. 이제는 좀 더 자유로운 영혼이 되어 어떤 율법적인 제약이나 얽매임에서 벗어나 그냥 질그릇같이 나약한 한 인간이기에 나의 길보다 높으신 하나님의 길을 사모하며 내 생각보다 높으신 하나님의 생각을 경외하며 살아간다.

너 또한 자유롭게 하나님을 만나게 되기를 소망한다. 하나님은 우리가 당신을 만나면서 즐겁고 행복하기를 바라시지 결코 억지스러운 것을 바라시지는 않는다. 언제든 마음에 곤고함이 찾아오고 너의 무거운 짐을 메고 가기 힘들어 주저앉고 싶어질 때 하나님의 이름을 불러보렴. 너의 멍에를 같이 메어주시며 내 딸아 내가 너를 사랑한다.

"왜 이제야 나를 찾아왔니?"

나는 네가 무화과나무 아래에 있을 때부터 너를 기억하고 있었단다. 너의 순전한 마음을 내가 이미 보았노라 하실 그 분의 마음이 나는 벌써 보여지고 기대가 된다. 너는 이미 예수의 소문을 들은 여인 아니더냐? 이번 주간은 예수님이 십자가에 달리신 고난주간이다. 그 십자가를 생각하며 너를 사랑하기에 나의 버선목을 까뒤집어 보이고 싶었다. 진실로…….

- 너의 영원한 친구 순영이가 -

아픔을 훌훌 털고 가볍고 자유롭게

현숙아! 그냥 너를 생각하면 한쪽 마음이 찡해서 몇 자 적어본다. 어느 누구보다 너는 그동안 너무 열심히 살아온 사람이다. 너를 위해서나 가족을 위해서나 학교를 위해서나 나라를 위해서나, 네가 스스로 쉬지 않으리라는 것을 아시는 주님이 너를 강제로 쉬게 하시려는 게다.

57년을 부려먹었으니 어떤 모양으로도 고장이 날 만한 나이에 우린 와 있는 것이다.

이제 다른 사람을 위한 과한 배려나 사랑은 그만하자.

그 에너지를 아끼고 아껴서 우리 자신을 돌아보는 시간을 가져보자.

네 마음 속 깊은 곳에 있는 아픔과 상처를 가만히 들여다보며 미·용·감·사 하자.

미안하다·용서해다오· 감사한다·사랑한다고 네가 너에게 말해주렴…….

"내가 너를 너무 부려먹어서, 내가 너를 너무 한곳으로 몰아쳐서, 내가 너를 너무 학대해서, 내가 너를 너무 돌보지 않아서 미안하다. 정말 미안하다."

"우리가 우리의 죄를 사하여준 것같이 우리의 죄를 용서하여주옵소서."

네가 먼저 네 자신의 이름을 부르면서 네 자신을 용서하고 남도 용서하고 네 주변의 눈에 거슬리는 것들도 용서하고, 용서할 수 없는 것조차도 용서하자. 도저히 용서가 안 될 때, 하나님께 용서하게 도와달라고 간구 드려보자!

그리고 현숙아. 네가 가진 것을 하나씩 돌아보며 감사하자.

홀로 외롭게 사는 여자들이 얼마나 많은데 아직 실한 남편을 곁에 두심에 감사

남의 집에 없는 아들을 내게는 둘씩이나 주셨으니 감사

병이 드셨으나 아직 우리 곁에 엄마가 계시니 감사

엄마를 모실 착한 올케와 오빠를 주셨으니 감사

누룽지 만들어주며 내 마음을 알아주는 여동생도 있으니 감사

내일모레면 환갑인데 아직 떳떳한 직장을 갖고 있으니 감사

내 집이 한 채도 없는 사람이 얼마나 많은데 내 집이 두 채나 있으니 감사

대한민국 여성 중에 대학졸업자가 5%도 안 되는데 대학을 장학생으로 다녔으니 감사

남들은 감히 상상도 못해보는 대한민국 장교도 해보았으니 감사

내 발로 가고 싶은 곳 어디든 갈 수 있으니 감사

내 눈으로 보고 싶은 것을 보고 세상만물의 총천연색 변화를 볼 수 있으니 감사

내 손으로 먹고 싶은 것 다 먹어볼 수 있으니 감사

좋으나 싫으나 내가 하고 싶은 말을 들어주는 친구가 있으니 감사

내 마음 알아주는 후배도 있으니 더욱 감사

외국여행 한 번 못해보고 눈 감는 사람도 많은데 가고 싶은 곳 원 없이 다녀 보았으니 그 누가 뭐라 해도, 나는 감사할 것뿐이네.

그리고 서로 사랑하자.

사랑은 우리의 허다한 허물을 덮는 이상한 힘을 가지고 있다.

사랑은 어긋난 서로의 방향을 한 방향으로 향하게 하는 기적의 힘을 갖고 있다.

어린아이와 같은 유연하고 부드러운 마음을 회복하자.

동심으로 돌아가면 남과 나를 비교하면서 시달리게 되는 욕심들로부터 해방된다.

나는 가끔 찬양을 부를 때면 어릴 적 내가 자란 피난민촌 목동 언덕에 천막을 치고 바닥에 깔린 가마니에 앉아 풍금소리에 맞춰 찬송가를 부르던 기억이 난다.

그 시절 너나없이 먹을 것도 없고 배고프던 시절이었지만 그때 부르던 찬송가 소리는 지금도 내 귓가에 맴돌며 내 영혼을 흔들고 나의 동심을 살아나게 한다.

나이 먹은 것이 무슨 자랑거리도 아니요 알량한 지식이 나를 지켜주는 파수꾼도 아닌 것이다. 그냥 연하고 순한 마음만이 나를 살아나게 하는 생명의 근원인 것이다.

예수께로 가면 나는 기뻐요 걱정근심 없고 정말 즐거워

(후렴) 예수께로 가면 나는 기뻐요 나와 같은 아이 부르셨어요

내 주를 가까이 하려 하면 십자가 짐 같은 고생이나

내 평생 소원은 주 찬송하면서 주께 더 가기를 원합니다.

저 장미꽃 위에 이슬 아직 맺혀있는 그때에 귀에 은은히 소리 들리니
주 음성 분명하다 주가 나와 동행을 하면서 나를 친구 삼으셨네
우리 서로 받은 그 기쁨은 알 사람이 없도다

주옥같은 찬양을 들으며 어린 내 영혼이 하나님을 어렴풋이 알게 되었고 내가 어른이 되어 고난 중에 정말 힘들고 외로워서 세상사람 어느 누구도 내게 위안이 되지 못할 그때 주님은 내게 다가와 은밀히 나를 위로해주시고 육친의 아버지가 해주지 못한 큰 위로와 사랑을 내게 보여주셨고 나를 일으켜 세워주셨다. 그 후 나는 육친의 아버지와 안녕해버리고 온전히 하늘 아버지를 나의 아버지로 여기며 살고 있다.

현숙아, 아버지 없었던 어려운 시간들……. 실질적 어린 가장이 되어 엄마와 오빠까지 마음으로 보살피던 너의 수고하고 무거운 짐을 이제 내려놓고 하늘 아버지께 맡겨드리자.

네 마음 깊은 곳에 도사리고 있는 슬픈 너의 어린 영혼이 무엇을 구하는지 무엇을 가장 즐거워하는지 무엇에 화가 나 있는지 알아채고(알아채는 것이 가장 중요함) 그 어린영혼이 원하는 것을 자유롭게 해주기를 바란다. 그 원하는 것을 아버지만이 할 수 있는 것이라면 하늘 아버지께 어린아이처럼 떼도 써보고 보채기도 해보자.

왼손으로 너의 얼굴을 그리는데 네 기억 속에 가장 어릴 적 네 모습을 그려보렴.

그리고 왼손으로 어린 현숙이가 하고 싶어하는 말을 그 옆에다 써넣는 거야. 어떤 말도 좋고 어떤 외침도 좋고 어떤 슬픈 이야기든지, 어떤 비밀이야기든지 생각나는 대로 적어본다. 삐뚤빼뚤 속이 시원하도록 모든 이야기를 적은 후에……, 그 옆에다 오른손으로 그 아이의 마음을 읽어주고 그 마음을 위로해주고 그 어린영혼이 하는 소리에 눈높이를 맞추고 공감해주면서 답글을 적어나간다.

<어린 영혼 달래기>라는 방법인데 나도 해보니까 내 안에 가득 찬 슬픔의 실체가 보이더라. 그 후에 나는 그 슬픔과 안녕하고 그 슬픔을 꺼내어 강물에 흘려보냈다.

알고 보니 알콜중독 아버지의 슬픔까지 내가 껴안고 살고 있더라고. 이제 모든 짐과 아픔을 훌훌 털고 가볍고 자유롭게 쿨하게 살아보자.

너는 잘 할 수 있을 거야……. 현숙이니까!

- 2014. 05. 19. 순영이가.

사랑하는 석명 씨!

당신의 62번째 생일을 맞아 진심으로 축하드려요!

되돌아보니 당신은 내게 넘치고도 넘치는 남편임을 요즘 더욱 깊이 깨닫고 있어요. 내가 오늘의 이 편지는 꼭 이 설교문 뒤에 손 편지로 쓰고 싶은 마음을 갖게 됩니다. 당신이 우리 가정의 제사장으로 너무나 멋있게, 하나님 보시기에 흡족하게 역할을 잘하고 있기에 나는 당신에게 그저 감사할 따름입니다.

어제 구정 때 지수네 집에 모인 가족을 세어보니 군에 간 민건이 빼고 강아지를 포함해서 20명이 모였네요. 어떤 이유를 대고 빠진 사람이 한 명도 없어요. 다행입니다. 명절이 되면 서로 얼굴을 피하고 만나지 않는 마음에 금이 간 가정들이 주변에 그리도 많건만 우리 가정이 이렇게 우애롭게 잘 모이는 것은 온전히 당신의 노력과 배려 그리고 성실히 살아온 것에 대한 하나님의 축복이라고 생각해요. 당신이 어머니에 대해 살뜰하게 정성을 다하는 모습은 때로는 감사를 넘어 감동이 됩니다. 그 모습 자체가 우리 아이들에게 교육이 되고 대대로 가정의 전통으로 이어지리라 믿어요.

대학으로 옮기고 나서 당신은 정말 제자리에 있다는 생각이 듭니다. 하나님은 당신을 번쩍 들어다가 꼭 알맞은 자리에 내려놓으셨다는 생각입니다. 작은 것 하나까지 세심하게 관찰하고 연구하고 자기의 것으로 만들어 가는 그 자세야말로 교수로서 꼭 필요한 덕목이라고 생각 하거든요. 당신을 만나 31년의 세월을 함께 살아오면서 당신의 참모습을 낱낱이 지켜본 순영이는 이제 진정으로 말할 수 있습니다. 당신을 존경합니다. 당신은 세월이 갈수록 더 아름답게 빚어져가는 조선 백자 같은 모습으로 내게 다가옵니다. 속은 텅 비어 있으나 무한한 에너지로 꽉 차 있고, 겉은 깨끗하게 빚어져 있으나 많은 무늬의 그림을 그려낼 수 있는 당신이 좋아하는 달항아리처럼 말입니다. 그래서 당신은 보면 볼수록 더 아깝고 그리운 사람입니다. 당신과 함께 한 세월만큼 앞으로 당신과 함께 하며 꼭 당신과 손을 맞잡고 아주 작은 일에서부터 큰일까지 얼굴 붉히지 않고 사랑과 배려로 잘 살아가고 싶어요. 당신이 원하는 만큼 다 해주지 못하는 부족한 아내지만 더 노력하고 최선을 다해 볼게요.

석명 씨! 당신의 생일을 다시 한 번 축하하고 당신을 사랑합니다.

- 2015. 2. 20. 당신 생일날에.

설날 가족예배 설교문 뒤에 적습니다. 순영이가.

무조건 감사

매일 아침 새벽에 쓰던 감사일기를 이사 오고 나서 쓰지 못하고 있다. 이런 저런 이유가 있겠지만 아직 마음이 평온하지 못하고 분주하기 때문이겠지.

오늘은 가만히 생각해보니 나의 나 된 것이 다 하나님 은혜요. 감사할 것 뿐이다. 보건실 바로 위층에 보건교육실이 있는데 나는 거의 오전에만 이 교실을 사용하고 오후에는 부진아 강사가 학습이 뒤쳐지는 아이들을 가르치는데 전적으로 사용하고 있다. 기간제로 근무하는 강사지만 계절이 바뀔 때마다 게시판을 계절에 맞게 꾸미고는 한다. 이번에는 민들레를 낮은 들판에 주욱 심어놓고 무당벌레를 둥둥 띄워 놓았다. 내가 한 일은 근사하다고 입빠른 칭찬을 하는 것뿐이다.

한 뼘의 땅에서조차 봄이 되면 영락없이 노란 민들레꽃을 피워 올리는 생명력을 보라. 60조의 세포를 운영하는 나는 가진 것에 비해 너무 한 일이 없어서 죄송하고 미안하다. 그럼에도 풍성한 은혜를 누리고 있으니 오직 감사할 것 밖에 또 무엇이 있으랴. 두려운 일이 생기면 우리의 뇌에서 그 두려움을 인식하는데 10초가 걸린다고 한다. 두려운 일이 생겨도 10초 전에 일단 감사를 하게 되면 우리의 뇌는 그 두려운 일을 감사한 일로 받아들인다는 연구 보고가 있다고 한다. 무조건 감사해야 하는 이유이다.

"길가에 장미꽃 감사, 장미꽃 가시 감사, 지난 추억 인해 감사, 주 내 곁에 계시네……."

내가 엄청 좋아하는 노랫말이다.

감사에 대한 짧은 생각

이번 추석에 우리 가족들과 나눈 화제는 '감사'였다.

먼저 다윗의 감사에 대해 남편의 짧은 설교가 있은 후 16명의 식구들이 한 명씩 돌아가며 자기가 가장 감사한 일이 무엇인지 말해보는 시간을 가졌다. 남편은 아버님의 성실하심을 감사하고 울 아들은 공부할 수 있는 머리를 주신 것과 좋은 부모님을 주신 것에 감사하고 막내 시동생은 식구들의 건강과 화목함에 대해 감사하고 나는 돌아가신 아주버님께 감사하고(여기서 눈물이 터짐) 눈물이 나서 더 이상 말을 잇지 못했지만 큰 시숙이 제사를 폐하고 예배를 드리자고 제일 먼저 주장하셨기에 진심으로 감사하다. 막내 동서는 우리 가족의 우애 깊음에 대해 장황히 감사하고 작은 집 조카딸은 자기가 처한 현재 환경에 대해 감사하고 우리 딸 부현이는 사회복지학과에 다니다 보니 이혼한 가정과 매 맞는 아내들이 너무 많은데 비해 우리 가정은 그렇지 않은 것에 대해 너무 감사한다고 길게 말했다. 작은 동서는 식구가 많은 가정에 시집 온 것에 감사하고 시골 큰 동서는 차표도 없이 모두 모여준 것에 대해 감사하고 큰집 조카딸은 교사라는 직업에 대해 엄청 감사하고 막내네 큰 아들놈은(고1) 우주를 창조하신 하나님께 감사한다고 기쁘게 말해서 모두에게 웃음을 선사했다. 스케일이 크다고 유엔총장감이라고 칭찬을 들었다. 막내네 작은 아들놈은(중1) 살아있음에 감사하고 현재 우리 집에 있는 큰집 조카는 자기를 도와주는 환경에 감사하고 작은집 아들놈은 공부할 수 있게 도와주시는 부모님께 감사하고 작은 시동생은 우리 가족의 화목과 사랑에 대해 장황히 감사하며 이 모든 것이 큰형수와 작은형수(나)의 사랑 때문이라고 그 공을 돌렸다.

이 이야기를 주욱 들으면서 마음속으로 그런 생각이 들었다. 감사는 또 다른 감사를 부르고 사랑은 결국 우연히 생기는 것이 아니라 만들어 가는 것이라는 것을…….

눈물이 약이겠지요

중학교를 졸업한 후로 객지생활을 혼자 해온 남편은 매사에 정확한 것을 좋아하고 얼버무리는 것을 싫어해서 적당히 살고 싶은 나를 늘 힘들게 한다. 자기의 건강에 대해서도 너무 염려가 심하여 건강염려증세가 있는데 의약분업이 세상의 화두가 되어 연일 의사들이 머리 깎고 데모하던 그 해에 어느 날 퇴근한 남편이 하는 말 "나 요즘 왜 이리도 어지럽지? 꼭 쓰러져 버릴 것 같아."라고 하면서 아침 10시경 간부회의 들어가면 어지러워서 죽을 것 같다는 것이었다. 당시 그 회사에서 회의 도중 쓰러져서 그 자리에서 사망한 사원이 한 명 있기도 했기 때문에 나도 그 말이 예사로 들리지 않았다. 병원휴업이 계속되는 상황이라 일단 한의원에 가서 온갖 검사를 했으나 결과는 아무 이상이 없고 스트레스 때문이니 약이나 한재 먹고 푹 쉬라는 것이었다. 그러나 한두 달이 지나도 여전히 그 증세가 남아있다고 불안해하여 병원이 업무를 시작할 즈음 삼성병원에서 다시 온갖 검사를 받게 되었다.

결과는 "아무 이상 없음, 단지 혈압만 경계성 고혈압이니 약 복용바람"이었다. 그러나 어지러운 증세는 계속되니 남편이 불안하다 못해 두려워하기까지 하는 것이었다. 어느 날 밤 남편에게 검사 상에 이상이 없으니 이제 방법이 없다 새벽기도나 한 번 나가보라고 했더니 다음날 새벽에 일어난 남편이 말도 없이 주섬주섬 옷을 입고는 교회를 가는 것이었다. 그런데 교회를 다녀와서도 아무 말이 없어서 며칠이 흘러갔는데 그 후 남편이 하는 말 “나 처음 새벽기도 나간 날, 교회에서 한 시간 내내 울다 왔다. 당신한테도 미안하고 하나님한테도 미안하고” 그 후 그 어지럼증은 감쪽같이 사라졌다.

어지럼증의 명약은 눈물이 아닐까? 처음 새벽기도 나가서 눈물 쏟고 온 날에 교회에서 부른 찬송이 “주 예수 내 맘에 들어와 계신 후 변하여 새 사람 되고…….”인데 그날 이후 어찌나 그 찬송을 좋아하는지 거의 매일 아침마다 남편이 샤워하면서 화장실에서 부르는 그 찬송을 우리 가족들은 1년 내내 들으면서 살고 있다.

부부가 같이 울어보신 적 있으십니까

남편은 새벽기도를 나가기 시작하고 한 발 더 하나님 앞으로 다가서기 시작하면서 성경말씀도 자주 읽고 믿음이라는 것과 은혜에 목마름을 느끼는 것 같아 보였다. 창세기에 나오는 아담과 하와부터 아브라함, 12지파에 이르는 인물의 계보를 그려서 들여다보기도 했다. 이성적으로 이해가 되어야 받아들이는 믿음의 첫 발걸음 이었다. 어느 날 토요일 오후 아이들은 외출하고 우리 부부만 집에 남아서 쉬고 있는데 난데없이 남편이 서재에서 나오더니 아주 진지한 태도로 나에게 묻는 것이었다.

"여보 은혜 받으려면 어떻게 해야 하나?"

"글쎄요."

"나도 당신처럼 은혜 받고 싶고 말씀 들으면 감동도 받고 싶은데 잘 안 되는 것 같아. 당신이 나를 위해서 간절하게 기도 해주면 나도 은혜를 받을 것 같은데 기도해 줄 수 있어?"

나는 갑작스런 남편의 기도부탁을 받고 잠시 당황했지만 평소 남편의 영혼구원에 대해서 기도해오고 있던 터라 모든 것을 주님께 맡기고 한번 기도해보자는 용기가 생겼다. 우리 부부는 안방에 들어가 문을 닫고 둘이 무릎을 대고 앉아서 손을 마주 잡고 기도를 시작했다.

"하나님 아버지 여기 당신의 아들 김석명이 있습니다. 은혜 받고 싶어하는 당신의 아들이 여기에서 무릎을 꿇고 우리 부부가 기도를 시작합니다. 주님, 이 시간 우리와 함께 하시고 은혜로 이 시간을 채워주시기를 간절히 원합니다. 이 아들 중학교 졸업하고부터 엄마 품을 떠나 공부한다고 객지생활을 하면서 남의 집에서 입주과외를 하며 한창 먹고 싶은 것 먹고 엄마의 사랑을 받고 성장해야하는 나이에 늘 배가 고프고 주인집 눈치를 보면 살았습니다. 하나님 이 아들 불쌍히 여겨주시기 원합니다."

이때부터 눈물샘이 터져서 우리 부부는 긴 세수수건을 양쪽에서 잡고 흐르는 눈물을 닦아가며 남편이 살아나온 어려운 시간들을 하나님 앞에서 다 쏟아내는 눈물의 기도를 올려드렸다. 남편도 자기의 외롭고 힘든 시절이 떠오르는지 어깨를 들썩이며 울었다, 생전 처음 내 앞에서 우는 남편이 불쌍해서 눈물 많은 나는 기도를 하면서 계속 눈물이 흘러 내렸다. 20년 동안 부부로 살아오면서 힘들었던 내 삶의 고달픔까지 보태어지니 둑이 터진 눈물샘에서 한도 없이 원도 없이 눈물이 나왔다. 한참을 울던 남편이 자기 혼자 있고 싶으니 나가달라고 했다.

나는 아들 방에 가서 울고 남편은 안방에서 울고 서로 떨어져 실컷 우는데, 한참 후에 남편이 아들 방에 있는 내게 오더니 등 뒤에서 나를 꼬옥 안아주면서 "여보 미안해, 정말 미안해, 나 때문에 당신 힘들게 해서 정말 미안해"하는 것이었다. 그 말에 나는 또 남편을 끌어안고 엉엉 소리 내어 울다가 눈물이 마를 즈음에 화장실에 가서 서로 세수를 하고 나왔다. 식탁에 마주앉아 서로의 퉁퉁 부은 눈을 바라보는데 신기하게도 머리는 시원하고 눈에서는 웃음이 배어 나왔다.

남편은 맑은 얼굴로 "실컷 울고 나니까 가슴이 시원하네."

“우리 가끔씩 한 번 울어봅시다”하는 것이었다.

그러나 그날 이후 지금까지 수건을 적셔가며 울어보지 못했다.

새롭게 깨닫는 것

침묵기도(관상기도)를 하면서 지금까지 살아온 나의 모습을 보게 된다. 잘 살아왔다고 자만했지만 가만히 되돌아보니 목표를 향해서 쉼 없이 돌진만 하다가 몸에 너무 힘이 들어가서 유연성을 상실한 나머지 심장에 가벼운 무리가 생긴 남편과 그런 남편에게 말로만 긴장을 풀어라 과음하지 말아라. 마음을 넉넉하게 가져라 잔소리 하면서 그러는 내 몸에도 힘이 들어가고 늘 긴장하면서 살아왔다는 것을 최근에서야 내 몸과 마음으로 절실히 느끼고 있다. 그 긴장은 내가 바라고 원하는 것이 아닌 것에 대해서 수용하지 못하고 껴안지 못하기 때문에 생기는 내 안에 있는 또 다른 나와의 불협화음의 결과이다.

'역지사지(易池思之)'란 입장 바꿔 생각한다는 것, 상대가 지금 내게 무엇을 원하고 있는지를 알아챈다는 것이다. 내 주장만 옳다고 믿고 있는 나의 아집을 내려놓고 상대편이 지금 무엇 때문에 힘들어하는지 귀 기울여 본다면 힘든 사람에게 당신 참 힘들구나! 외로운 사람에게 당신 참 외롭구나! 진정으로 따뜻한 시선을 보낼 수 있을 것 같다.

깊은 호흡기도과 이완을 통해서 내 어깨에 걸린 무거운 짐들을 하나씩 내려놓는 연습을 하는 중이다.

새 가족을 환영하며

오늘 남서울예수교회 한 가족 되신 것을 진심으로 환영하며 축하드립니다. 저는 가족이란 '식구'라고 생각합니다. 오늘 우리 모두가 '한 식구'가 된다는 것이 우리의 마음을 설레게 합니다. 옛말에 '밥상머리에서 정이 난다'는 말이 있듯이 가족은 함께 먹으면서 정을 키워갑니다. 멀리 떨어져 사는 가족들은 일 년에 한두 번 가족 행사 때 만나서 잠깐 얼굴을 보고 헤어지는 것이 전부이지만 우리는 일주일에 한 번 씩은 꼬박꼬박 같은 식탁에서 같은 음식과 정을 나누는 식구가 되었습니다.

성경말씀 고린도후서 5장 17절에 "그런즉 누구든지 그리스도 안에 있으면 새로운 피조물이라 이전 것은 지나갔으니 보라 새 것이 되었도다."라는 말씀처럼 우리는 육신의 부모님을 통해 이 땅에 태어났지만 예수 그리스도 안에서 구원의 은혜로 물과 성령으로 거듭나고, 새로운 피조물이 되었을 뿐만 아니라 그리스도 안에서 새 식구가 되었습니다. 이제 심 씨인 저를 비롯해 오늘 남서울예수교회의 새 식구가 되신 김 씨, 이 씨, 박 씨, 최 씨, 송 씨, 설 씨, 모두 예수그리스도 가문의 예 씨 집안의 한 식구가 되어 우리는 너무 행복합니다.

2012년 7월 제1회 웃음캠프 마지막 날, 저는 지금도 노상헌 목사님의 설교를 잊을 수가 없습니다.

"여러분. 이제 육신의 아버지와는 안녕하십시오. 하늘 아버지께서 우리의 아버지가 되셨으니 육신으로 만나서 서로 상처주고 서로 이해하지 못해서 갈등을 일으켰던 육신의 아버지께 안녕하십시오. 바이 바이 하십시오……."

그 설교를 듣고 저는 그날 이후 고향을 등지고 월남하신 아픔을 술로 달래시며 식구들을 힘들게 하셨던 육신의 아버지와 안녕을 고했습니다.

저는 이제 예수 그리스도 안에서 남서울예수교회 성도님들과 한 식구가 되었고, 나를 지으시고, 나의 가는 길을 아시는 내 영혼의 아버지를 온전히 의지하면서 기도하며, 살아가고 있습니다. 아울러 오늘 남서울예수교회 새 식구가 되신 분들도 시편 121편의 말씀처럼 하나님께서 여러분의 삶을 지켜 주실 것을 기도합니다.

"여호와는 너를 지키시는 이시라 여호와께서 네 오른쪽에서 네 그늘이 되시나니 낮의 해가 너를 상하게 하지 아니하며 밤의 달도 너를 해치지 아니하리로다. 여호와께서 너를 지켜 모든 환난을 면하게 하시며 또 네 영혼을 지키시리로다."(시편121:5~7)

끝으로 한 식구로 살아가면서 어려움과 아픔이 있으실 때, "아무 일에든지 다툼이나 허영으로 하지 말고 오직 겸손한 마음으로 각각 자기보다 남을 낫게 여기고 각각 자기 일을 돌아볼뿐더러 또한 각각 다른 사람들의 일을 돌보아 나의 기쁨을 충만하게 하라."라는 빌립보서 2장 3~4절 말씀이 큰 위로가 되시기를 온 식구들의 마음을 담아 소망합니다.

환영합니다. 사랑합니다. 축복합니다.

7부
대전 발 0시 50분

이선희 콘서트

"인연이라고 하죠
거부할 수가 없죠
이 사랑이 녹슬지 않도록
늘 닦아 비출게요……."

왕의 남자 OST, '인연'이라는 노래, 우리 가락의 애잔한 선율이 언제 들어도 좋다. 지난 토요일 저녁 남편과 함께 성남아트센터에서 <노래하는 이선희, 30주년 콘서트>를 보러 갔다.

첫 곡이 'J에게'로 시작해서 마지막 곡이 'J에게'로 피날레를 장식했다. 첫 멘트가 "오늘 제게 내일은 없습니다."

와우 감동이다. 오늘이 마지막이라는 마음으로 공연을 한다는 표현. 말도 어쩜 그리 잘하는지……. 때에 맞게, 조신하게 그리고 여유 있는 모습이 아름다웠다. 요즘 뜨고 있다는 노래 '그 중에 그대를 만나'도 처음 들었는데 아주 좋았다. 때로는 참하게 때로는 폭발적인 에너지를 쏟아내어 부르는 그녀의 목소리는 완벽한 악기다.

우리 부부가 올해 결혼 30주년이라서 큰 맘 먹고 표를 사놓았는데 정말 만족스러웠다.

1984년 여름 이선희가 빠글거리는 파마머리에 얼굴을 반쯤 가리는 안경을 쓰고 'J에게'를 부르던 그 해 여름에 나는 그 많은 사람들 중에 한 남자를 만나 결혼을 하고 지금까지 살아온 것을 하나하나 되돌아보니 그저 모든 것이 고맙고 감사할 일 들 뿐이다. 그래서 더 감회가 새롭고 감동이 되었다.

이선희의 노래를 들으면서 신나는 곡이 나올 때 내가 얼마나 신나게 환호를 했든지…….

돌아오는 차 속에서 남편이 하는 말 "당신 신나게 잘 놀더라."

그걸 30년이 지난 이제야 알다니……. 후후!

남이섬을 다녀와서

지난 월요일, 8월 25일은 좀 특별한 날이라서, 부부가 남이섬에 갔었다. 어디 멀리 가고 싶었지만 다음날이 개학이라 가까운 곳을 탐색하다가 남이섬에 가보기로 했다. 30년이 훨씬 넘는 그 옛날의 기억이 난다.

수도병원에 근무할 때 강희윤, 박명희, 김의수와 남이섬에 처음 갔었다. 아주 추운 겨울날이었는데 희윤이는 그때 얼굴에 큰 점을 하나 빼서 상처에 드레싱을 한 채로 갔었지……. 가평의 겨울은 얼마나 추웠었는지 나중에 점을 뺀 상처가 얼어서 고생을 좀 했었다. 눈 덮인 남이섬을 가려고 얼음을 깨면서 천천히 다가갔었던 고요한 남이섬의 추억이 이번에 산산이 무너졌다.

얼마나 빠르게 눈이 픽픽 돌아가는 세상이 펼쳐지는지 공중에서는 젊은이들이 짚와이어를 타고 1분 만에 쓔웅 내려가 남이섬에 도착하고 번지점프를 하는 곳에서는 “OO야, 사랑한다!” 고함을 외치고 공중에서 뛰어내린다.

청평호수에서는 제트보트를 타는 사람들이 만드는 물보라가 뿜어져 오른다. 춘천까지 전철로 연결되어 있으니 서울에서 저렴하게 오고 갈 수도 있다. 가평역에 내리면 무인 자전거대여소가 있어서 자전거를 이용하여 2km 떨어진 남이섬 선착장으로 쉽게 연결된다.

14만평에 이르는 남이섬이 잣나무길, 소나무길, 메타세콰이어길, 기찻길, 강변길로 이어지고 어디를 둘러보아도 볼거리가 풍성하다. 겨울연가 촬영지, 눈사람, 배용준(욘사마), 자전거길, 목도리로 유명한 곳이다.

행복이라는 어떤 공간에 들어갔더니 '위칭칭'이라는 중국작가가 흙으로 빚은 인형들이 전시되어 있었다. 엄마와 아이가 지극히 편하고 부드러운 애착의 형상으로 놓여 있다. 책을 보다가 잠든 풍만한 여성은 어쩜 그리도 내가 그리워하는 모습인지…….

한 공간 안에 예쁘고 양한 유별스러운 디자인의 잔치를 벌여놓은 이곳은 그리하여 <나미나라공화국>이라 부른다. 그러나 내게는 친구들과의 추억이 서린 곳이다.

가평역 대합실 석탄난로 위에 펄펄 끓고 있는 찌그러진 물주전자에서 뜨거운 물을 따라서 꽁꽁 언 손을 녹여가며 마시던 맛있는 커피 한 잔의 추억, 우리들의 20대는 빛바랜 흑백사진처럼 얼마나 아득하게 느껴지든지…….

남이섬을 돌아 나오면서 정말 <남의나라공화국>을 다녀온 것만 같다.

대전 발 0시 50분

“잘 있거라 나는 간다 이별의 말도 없이…….”로 시작하는 조용필의 노래 ‘대전부르스’에 등장하는 대전발 0시 50분 완행열차를 타고 같은 동네에 살던 희윤이와 나는 생도 1학년 때 우리를 초대해준 여수 사는 어경순네 집으로 가게 되었다. 잠이 많던 그 시절에 야간열차를 탔으니 어찌나 졸리는지 한참을 가고 있는데 남도지방 어디쯤이었을까? “오메 처자들 닭병 걸렸는갑다……. 잉”하는 총각들 소리가 들려오는 것이었다. 우리가 잠에서 깨어나기를 기다리다 못한 남도 총각들이 그만 지쳐서 이마를 부딪치고 침을 흘려가며 졸고 있는 우리를 향해 투덜거리는 소리였던 것이다.

새벽여명이 밝아올 즈음에 우리는 찌뿌둥한 몸으로 여수역에 내려서 오동도를 한 바퀴 둘러보고 경순이네 집으로 갔다. 경순이의 안내로 장군도라는 섬에 갔다. 바위에 다닥다닥 붙어있는 석화에서 경순이가 따주는 굴을 바닷물에 씻어서 먹고 또 먹고 실컷 먹다가 돌아 나오는 길에 눈앞을 가로 막는 팻말이 보였다. “이곳은 개인이 운영하는 굴 양식장입니다. 주인의 허락 없이 굴을 채취하지 마시오. 만일…….”하면서 무시무시한 경고문이 적혀 있는 것이 아닌가. 우리는 줄행랑을 치고 말았다.

평생 술과 친구하며 사시는 부친과 아버지와 맞담배를 태우시던 모친과의 사이에서 자라던 나는 그날 밤 경순이네 집에서 문화적 충격을 받았다. 경순아버지의 경건한 인도로 딸들과 함께 가정예배를 보시는데 우리도 참석하게 되었던 것이다. 얼마나 보기가 좋았던지……. 그런데 그런 생각도 잠시뿐 나는 그 예배시간에 또 졸고 말았다. 대전발 0시 50분 열차는 내게 있어 정말 독하고도 독한 수면제였던 것이다.

비원에 얽힌 비하인드 스토리

비원(秘苑)으로 불리어지는 창덕궁의 후원은 인공조림이 아니라 살아 있는 그대로 자연의 숨결을 간직한 산기슭 곳곳에 연못과 정자가 깃들어 있는 세계적인 명원으로 손꼽힌다. 비원은 1405년 창덕궁 창건 당시에 조성된 후원으로 장장 600년 동안의 역사가 깃들어 있으며 변화무쌍한 지형을 그대로 살려둔 채 최소한의 인공미만을 가미한 자연주의 정원이다. 현재 불리고 있는 비원이란 이름은 일제시대 때부터 불려진 것이고 본래는 창덕궁의 후원, 북원 또는 금원이라 불렸다. 궁궐도의 비원은 복잡한 기교의 중국정원, 인공미로 감싸인 일본 정원에 비교해도 한국정원의 격조 높은 수준을 유감없이 보여준다. 창덕궁은 1997년 12월에 유네스코 세계문화유산위원회에서 세계문화유산으로 등록되었다.

이 비원에 얽힌 나의 비하인드 스토리는 이렇다. 춘천에 근무할 때 한 번은 대전에 있는 집에 가서 부모님께 투정을 부렸다. 그때 내 나이 27세, 처녀시절의 빛나는 싱싱함이 스러져가는 것이 안타까워 심술이 나서는 "엄마, 아버지는 딸내미 시집보낼 걱정도 안하고 뭐하세요?"라며 한마디 툭 내뱉었더니 그날부터 울엄마 동네방네 다니시며 참한 신랑감을 구하시더니 급기야 한 은행원을 내게 소개시켜주셨다.

아들만 셋 있는 집에 맏이인데 서울 명동에 있는 외환은행에 대리로 있고 현재 대학원에 다니며 동네에 소문난 효자요 두말할 것도 없는 참한 신랑감이라고 소개받고 오셔서는 성화를 하시길래 같은 동네사람이라 찜찜했지만(내가 사는 동네가 달동네 수준임) 날을 잡아 춘천에 있는 한 호텔 커피숍에서 그 은행원을 만나기로 약속을 했다. 약속 시간에 나가보니 한 남자가 번쩍 손을 든다. 첫인상이 과히 나쁘지 않아서 좋은 감정을 가지려고 애쓰며 이야기를 나누다가 바람이나 쐬러 나가자고 일어섰다. 커피 값을 지불하러 앞서가는 남자의 뒷모습을 보고 나는 그만 정신이 나갈 정도의 충격을 먹었다. 이 남자의 키가 어찌나 작고 체격이 왜소한지 그 다음부터 당황한 나는 감정수습이 잘 안되어서 횡설수설 이 남자를 어떻게 하면 빨리 서울로 돌려보내나 그 생각만 나는 것이었다.

걷다보니 춘천어린이회관까지 가게 되었는데 그곳에 있는 한 레스토랑에서 이 남자가 내게 하는 충격적인 말인즉슨 "순영씨는 이제 다른데 시집갈 생각하지 마세요."

겨우 은행원을 서울로 돌려보내고 '이제 큰일 났구나.' 싶어 속앓이를 하는데 아니나 다를까, 이 남자가 모든 수단 방법을 가리지 않고 내게 연락을 해오기 시작하는 것이었다. 한 번은 고민하는 형을 보다 못한 그 은행원의 동생이라는 남자가 내게 장문의 편지를 보내왔다. 자기 형은 체격이 왜소한 것 빼고는 정말 괜찮은 남자라는 요지의 글이었지만 내게는 그 글이 그 남자의 왜소함을 강조하는 것처럼만 들리는 것이었다. 간곡하게 나는 마음이 너그럽지 못해 받아들이지 못하겠다는 글을 그 남자에게 보내고 혼자 마음을 접고 있는데 최후통첩이라면서 서울 어디에서 꼭 한 번만 만나자는 연락이 왔다.

마음을 단단히 먹고 그 약속을 바람맞히고 났더니 그 후로 연락이 끊어져서 후련하기도 했지만 잘나지도 못한 여자에게서 그 남자가 받을 상처를 생각하니 마음이 무겁고 심란했다.

그 해 10월에 지금의 남편을 소개받고 일주일 만에 마음이 엎어진 후 거의 매주일 데이트를 하다가 한 번은 토요일 오후에 비원에 가게 되었다. 비원은 한국어시간 영어시간 중국어시간 일본어시간으로 관람시간이 나뉘어져 있고 그 시간 외에는 출입의 제한이 있어서 한국어시간에 맞추어 가면 관광안내원이 관람객을 주욱 몰고 다니면서 관람을 시켜주는데 이를 어쩌면 좋단 말인가! 한 20여 명 쯤 되는 관람객 속에 춘천에서 선을 본 그 키 작은 은행원이 한 아가씨와 우리와 같은 한국어시간에 한 팀이 되어 관람을 한다고 서 있는 것이었다. 원수는 외나무다리에서 만난다더니 나는 그 남자와 되도록 부딪히지 않으려고 무진애를 쓰며 다니느라 비원은 보는 둥 마는 둥 하고 나오고 말았다.

지금도 비원하면 그때의 악연이 떠올라 뭘 보았는지 생각이 나지 않는다. 천만의 시민이 산다는 서울도 그리 좁다는 사실을 그때 처음 알았다. 이제는 정말 느긋하게 남편하고 손잡고 금원이라 불리울 정도로 아름다운 자연미를 고스란히 간직하고 있는 창덕궁의 후원인 비원을 찬찬히 감상하고 싶다.

간송미술관에 다녀와서

지난 주 목요일에는 간송미술관에 다녀왔다. 가물은 이 땅에 단비가 내려 가을비 우산 속에서 한 시간 반을 기다려 간송미술관의 보물들을 볼 수 있었다. 이미 『바람의 화원』이라는 책과 드라마를 통해 신윤복의 그림들을 미리 섭렵하고 갔지만 실제 그의 그림들이 주는 감동은 한마디로 전율에 가까운 감동을 주었다.

지금부터 220년 전 정조시대의 그림들이건만 그 색채나 표현들이 어찌 그리도 섬세하고 선명한지 누구도 신윤복의 그림 앞에서 떠날 줄을 모른다. 특별히 미인도 앞에서는 다들 감동을 받은 듯 떠나지를 못하고 바라본다. 나부터도 유명해지면 한 번 찾아가보는 호기심이 있는데 오죽하랴만……. 사람들이 6시에 마감인데도 꾸역꾸역 줄지 않고 줄을 서 있다.

가까운 곳에서 저녁을 먹고 오는 길에는 비 오는 서울거리를 바라보며 긴 노선을 버스를 타고 돌아왔다. 알싸하게 코끝을 시원하게 해주는 가을의 저녁공기가 마음에 드는 그런 날이었다. 만산홍엽에 얼쑤 장단을 치며 어깨를 들썩인다는 표현이 마음에 든다.

그냥 떠난 여행 · 1

- 임자도를 다녀와서

나는 오래전부터 아주 편하고 자유로운 여행을 꿈꿔왔다. 아무 계획 없이 그냥 발길 닿는 데로 떠나고 머무르는 그런 여행 말이다 배고프면 뭐든 먹고 내 발길이 머무는 곳에서 가장 보고 싶은 것을 시간의 제한 없이 한없이 바라보고 느껴보는 그런 자유로운 여행을 하고 싶었다.

초밀하게 계획하고 짐을 싸서 그 짐에 치이고 계획에 어그러지면 기분이 상하는 그런 여행은 정말 하고 싶지 않았기 때문에 이번 여행에 깐깐한 남편이 잘 따라줄까 조금 의심했지만 의외로 자기도 그런 여행이 하고 싶었다는 말에 일치를 보고 방학 다음날 일단 집을 떠났다. 집을 떠나기 전에 몇 가지 장애물(연수 포기각서를 쓰다)들을 잘 해결하고 우선 시댁 서천으로 갔다. 운전은 시동생에게 맡기고 얼마 전에 개통한 35km 새만금 바닷길을 달려서 부안 변산반도 대명콘도에 여장을 풀고 시댁 식구들이 하루 이틀씩 머물면서 격포, 채석강, 적벽강을 보고 모항해수욕장에서 해수욕도 하고 고창 선운사, 내소사, 서정주문학관 등도 둘러보았다. 내소사 600m에 이르는 전나무숲길은 장호흡을 하며 걷기에 좋은 길이다 모항해수욕장은 아주 마음에 쏙 드는 곳으로 아담하고 깨끗하다.

서정주문학관을 기대하고 갔는데 너무 허술하여 급 실망함! 친일파라는 이유로 한 시대를 풍미한 시인을 이리 홀대해도 되는지, 문학은 문학 자체로 인정받고 존경받아야 한다는 것에 한 표 던져본다. 식사는 백합죽과 백합구이 등 변산반도 부안의 특산물로 하고 이쯤에서 시댁식구들과 결별하였다.

드디어 우리 부부만의 자유여행 시작! 1004개의 섬으로 이루어진 천사의 고장 신안군을 우리의 첫 번째 여행지로 잡고 일단 임자도로 가게 되었다. 임자도행 배를 타기위해 점안항 도착 우리 차를 페리호에 싣고 20분 후 임자도에 내렸다. 명사삼십리(12km) 고운 모래가 일품인 대광해수욕장에서 해수욕을 하고 차 위에 젖은 옷을 말리면서 출렁이는 바다를 실컷 바라보았다. 긴긴 해수욕장에 사람은 손가락으로 셀 수 있을 정도로 적어서 어찌나 고즈넉하고 좋은지 한 달포라도 머물고 싶었지만 남편 아는 분을 만나 민어회(8월이 제철임)로 함께 저녁을 먹고 일단 막배로 임자도를 나왔다. 날은 어두워 깜깜한데 훼밀리마트 직원에게 길을 물어 팬션을 하나 구해 여독을 풀고 다음 날 증도로 들어갔다. 오늘 9시 뉴스에 들어보니 슬로시티 증도가 사람들이 붐벼 쓰레기장이라던데 우리는 7월말에 가서 그런지 제법 볼게 많았다. 우리나라 천일염 소금의 6%를 생산하는 여의도면적의 2배인 태평염전과 우전해수욕장 주변 솔숲도 볼만하다. 붕붕카를 타고 애들처럼 한 바퀴 돌았다. 갯펄에서 짱뚱어들이 퍼뜩이는 것을 보고 짱뚱어탕도 먹고…….

언젠가 규은이에게 『짱뚱이일기』라는 만화책을 보내주었던 적이 있었는데 실제 짱뚱이를 보게 되니 미꾸라지 모양에 양쪽 볼만 불룩한 것이 만화의 주인공 짱뚱이와 닮은 것도 같다.

그냥 떠난 여행 · 2

– 진도 운림산방을 다녀와서

다음은 내가 태어나 한 번도 가본 적이 없는 목포로 갔다. 어디로 가야할 지 계획이 없어서 일단 유달산 조각공원으로 갔는데 날이 너무 뜨거워서 돌아다닐 수가 없어 유달산 중턱에 차를 세우고 목포는 항구다를 실감하며 뜨거운 한여름의 항구도시를 바라보았다. 세차하는 동안 목포시청 앞 춘하추동이라는 밥집에서 5,000원에 진짜 맛있는 게장백반을 먹고 평화동산 쪽 남농기념관에 들렀다. 설명하시는 할아버지가 특이하시다. 이가 숭숭 빠져서 말씀은 새어나오는데 내용은 아주 진지하고 열정까지 있으셔서 열심히 들었다. 우리 부부에게 남종화에 대해 설명하시고 한국화(동양화라고 하면 무식한 것이라고 강조하심) 감상법을 알려주고 구도, 명암, 원근, 여백 등을 보아야 한다고 강조하심. 남종화의 뿌리를 보려면 진도에 있는 운림산방을 가보아야 한다. 그곳에 가면 오기 싫어질 것이다 라는 말씀에 꽂혀 우리는 무작정 진도로 향했다.

현대차서비스센터에서 정보를 얻어 진도 아리랑비 근처 아주 깨끗하고 공기 좋은 <초다헌>이라는 팬션에서 짐을 풀었다. 다음날 아침 운림산방이 문을 열자마자 들어가 아주 꼼꼼히 보았다. 소치 허련, 허형, 남농 허건, 허림, 허문으로 이어지는 5대에 걸친 남종화의 계보를 그림을 통해 이해하며 옛 선비들의 시서화에 대한 탁월한 경지를 느껴보고 감탄하고 외경심까지 가지게 되었다.

"서화 감상에는 고금에 전하지 않는 비법이 있다. 글씨는 근골을 중시해야지 형사(겉모습)을 추구해서는 안 되며 그림은 이취(천리적 정취)가 중심이 돼야지 기색(드러난 색채)이 강조돼서는 안 된다." 1868년 운림각에서 소치 그리다 중에서…….

이 말씀을 곰곰이 새기면서 인생살이도 그 이치가 똑같다는 생각이다. 사람을 판단할 때 그 중심을 보아야지 외모로 판단해서는 안되며 일을 도모할 때에도 사람의 마음을 읽고 움직여야지 일의 결과만을 강조 해서는 안 된다는 것을 깨달으며 이 말씀을 곱씹어보게 되었다.

진도를 나와 해남 땅끝마을(토말리)로 향했다. 우리나라 국토종단의 땅 끝에 점을 찍어보리라는 마음으로 송호해수욕장 근처에 차를 주차하고 소나기에 젖은 흙길을 한 시간 정도 걸어서 땅끝탑에 도착. 딱 한 평 크기의 탑이 서 있음. 끝과 시작은 같은 점에서 출발한다는 생각에 잘살아보리라는 새로운 희망을 갖고 해남 땅끝호텔(살짝 호사를 누려 봄)에서 여장을 풀었다. 땅끝마을 기사식당에서 꽃게 된장찌개로 정말 맛있는 아침식사를 하고 얼마 전에 동료교사들과 템플스테이를 했던 미황사로 향했다.

서쪽 바다와 남쪽 바다가 만나는 곳 늘 안개에 싸여있는 절이다. 물안개 때문에 2박3일 동안 달마산의 병풍바위를 한 번도 못 보았는데 이번에는 서서히 안개가 걷히면서 용의 등줄기 같은 병풍바위의 그 모습을 장엄하게 보여주었다. "당신이 여기에 온 것을 달마산도 환영하는가보다."라고 했더니 남편이 소년같이 활짝 웃는다. 미황사에서는 여름

방학을 맞아 한문학당을 열고 절집 근처에 아이들의 한문 읽는 소리가 낭랑하게 퍼져나가고 있었다. 아이들이 너무 이뻐 수박 사주라고 과일값을 약간 시주하고, 땅끝마을 아름다운 절 미황사를 나왔다.

시간이 맞으면 서편제의 배경이었던 청산도까지 가보리라 마음먹고 완도로 갔지만 배타는 시간 기다리는 것도 아깝고 날도 너무 뜨거워서 그냥 명사십리 신지해수욕장으로 갔다. 파도가 치고 물살이 거칠어서 해수욕은 포기하고 해물라면으로 점심을 때우고 돌아섰다.

다음은 나의 문화유산답사기의 남도답사 일번지인 두륜산 대흥사를 갔다. 대흥사 도착, 십리에 이르는 아름다운 숲길에 몸통이 굵은 단풍나무, 벚나무, 소나무, 떡갈나무들이 줄지어 서있는 나무터널을 지나면서 차 문을 내리고 마음껏 산소를 마시고 토해내었다. 답사기에 나오는 그 유명하다는 유선여관에도 그냥 들어가 보았다. 사람들이 참 편하게 쉬고 있다. 유선여관 노랑이(진돗개)는 물론 없다. 대흥사는 절집의 규모가 크고 넓다. 절집의 내력은 금방 잊어버렸지만 대흥사 십리 숲길의 나무들이 주었던 감동은 쉽게 잊지 못할 것 같다. 오죽하면 동네 이름이 구림리(九林里), 아홉 숲이라고 했겠는가!

올라오는 길에 고산 윤선도가 유배 중에 머물렀다던 녹우당과 정약용의 다산초당을 가보고 싶었지만 운전피로감이 와서 포기하고 영암 근처 고갯길에서 차를 세우고 멀리서 월출산의 놀라운 풍경을 실컷 감상하고 다음 목적지 담양으로 향했다.

그냥 떠난 여행 · 3

– 담양 소쇄원을 다녀와서

담양으로 가기 전에 우리 친구 정영남에게 전화를 했다. 담양여고를 나온 영남이에게 문의하면 담양에서 꼭 보아야 할 볼거리는 일러주겠지 싶어서……. 영남이는 대전에 있었다. 여기까지는 좋았는데 한참 후에 영남이가 대전에서 담양으로 출발했다는 전화가 오고부터 우리 부부는 심하게 다투기 시작했던 것이다. 왜 친구에게 전화를 해서 바쁜 친구를 담양으로 오게 했느냐고 남에게 조금이라도 신세지는 것을 싫어하는 남편의 까탈 때문에 내가 친구에게 와달라고 말한 적이 결코 없다고 우기다가 너무 화가 나서 차를 세우고 뜨거운 여름 한낮에 자동차 도로에서 차 밖으로 나와 버렸다.

우이씨……. 한참동안 마음을 삭히다가 다시 핸들을 잡고 담양에 도착하여 영남이를 만나 아주 반가운 해후를 했다.

"有朋이 自遠方來하니 不亦說乎아라."

영남이 부부와 우리 부부, 담양면사무소에 다니는 영남이 남동생과 함께 맛있는 저녁을 먹으며 멀리서 자기 고장으로 온 친구를 위해 한달음에 달려온 영남이의 마음에 감동 받고 고마운 마음을 풀어내며 많은 이야기를 나누다가 <대나무이야기>라는 호텔에서 여장을 풀었다. 부부

싸움은 칼로 물 베기라더니 다음날 언제 싸웠냐는 듯이 풀어진 우리는 담양에서 유명하다는 메타세콰이어 길과 대나무 테마공원을 천천히 보고 죽부인도 하나 사고 곧게 뻗은 대나무 숲 앞에서 심호흡도 하며 즐기다가 소쇄원으로 갔다.

옛 선비들이 자연을 훼손하지 않으면서 정자를 지어 풍류를 즐기고 책을 읽고 시를 지었다는 광풍각이라는 정자에 앉아 한참을 쉬었다. 물이 흐르는 계곡을 곁에 두면서 자연과 인공이 절묘한 조화를 이루는 이토록 아름다운 정원을 지을 수 있는 우리네 조상님들께 감사했다.

내려오는 길에 <대가>라는 음식점에서 생선구이돌솥밥으로 남도의 정갈한 점심상을 받아 잘 먹고(대갓집 마루 밑에는 금붕어가 산다) 둘째언니가 사는 충북 옥천으로 향했다. “넓은 벌 동쪽 끝으로 옛이야기 지즐대는 실개천이 휘돌아나가고…….” 향수의 고장 옥천은 말 그대로 공기 맑고 물 맑은 고장이다. 언니를 만나 삼계탕으로(이 날이 중복이었음)저녁을 먹고 언니가 예약을 해준 장령산계곡 깊숙한 곳 <마당넓은 펜션>에서 짐을 풀었다. 처녀 적부터 옥천에서 양장점을 하다 양품점 그리고 지금은 옷수선집을 하는 우리 둘째언니는 참 열심히 사는 사람이다. 40여 년 가까이 재봉틀을 돌리며 큰아들을 치과의사로 키우고 작은아들은 면사무소에 다니는 공무원으로 키워 그만하면 훌륭하다. 57세인데 최근에 운전면허도 따고 <심씨네딸들> 카페에 올리는 글도 읽을수록 눈물이 나는 감동적인 글을 올린다.

이제는 옥천을 지키는 토박이가 되어 마당에 온갖 채소를 가꾸면서 오늘도 여전히 재봉틀에 앉아 사람들의 이야기를 들어주고 옷을 고친다. 이른 아침에 장령산 맑은 공기를 마시며 산책을 하고 펜션을 나와 옥천에서 유명한 올갱이국으로 아침을 먹고 정지용문학관에 갔다. 워낙

詩를 좋아하는 터라 정지용의 시들이 해금된 후 1989년도부터 시작된 정지용문학상을 받은 주옥같은 시들을 읽고 또 읽으면서 문학의 재미에 푹 젖어 문학관을 나오기 싫었다. 옥천 사람들이 얼마나 정지용 시인을 사랑하는지 반들반들한 문학관에 매료되어 스쳐간 손길들이 한없이 고맙고 감사했다.

근처에 있는 육영수 여사의 생가에 들렀다. 아직 건축 중이라 완전하지는 않았지만 제법 돈을 들여서 육 여사의 생가 터를 손질하고 있었는데 별 감흥이 없이 그저 둘러보았다. 1974년 내가 고2때 광복절 날 흑백 TV를 보다가 총성이 나고 육 여사가 쓰러지던 모습이 36년이 지난 지금, 아직도 생생하기만 하다.

사람이 나고 죽는 것이 참 허망한 일이며 우주적 관점에서 보면 우리네 짧은 인생 허름한 여인숙에서 하룻밤 묵어가는 것처럼 찰나와 같이 짧다고 한다. 아이들 교육이다 집장만이다 요란을 떨며 살 필요가 있는 것인지 가끔씩 마음의 통을 넓혀 세상을 보면 만사가 부질없어 보이기도 하다.

그냥 떠난 여행……. 찾아가보면 이 나라 곳곳이 진기한 보석이요. 사랑하지 않을 수 없는 아름답고 아금박스러운 내 나라 내 땅 대한민국에 무한 감사를 보낸다.

황산을 다녀와서

이보다 더 좋을 순 없다

구미에서 06:30분 새벽차로 올라온 선애! 충북 청주에서 올라온 진선! 미국에서 태평양을 건너 한국에 오자마자 여행에 동참한 옥희! 25일 아들 결혼시키고 27일 우리와 함께 한 오명숙! 어지럼증을 극복하고 거뜬히 여행을 마쳐준 진희! 조용히 필요한 것을 제공하는 따뜻한 손길, 우리의 침묵여사 홍인숙! 중국 통이자 중국말의 달인 우리 팀의 통역사이자 찍사인 해영! 간간히 싱거운 말로 웃음을 준 한 미모 하는 남희! 다음 여행의 팀장으로 발탁된, 뭐든지 잘할 것 같은 정원! 우리의 맏언니이자 범사에 못하는 것이 없는 범안나! 늦게 합류해주어 우리 팀을 짝수로 만들어준 고마운 이영숙! 그리고 이번 여행의 팀장 심영이올시다.

10시 10분에 한 명도 늦지 않고 인천공항에 모여 준 교양수준이 전혀 떨어지지 않는 친구들과 앞이 안 보이는 안개 속에서 1,860M에 올라 그동안 우리가 발붙이고 살았던 이 땅의 모습과 전혀 다른 세계의 환상적인 아름다움을 제대로 감상하고 느끼고 돌아온 것에 일단 감사한다. 말로 설명하기 어려울 정도로 숨이 탁 멎도록 아름다운 자연의 경관들이 펼쳐지는 황산의 모습들을 보았다. 기암괴석, 청청한 소나무, 운해, 상고대, 산 아래에는 흐리고 비가 오는데 산정상 광명정에는 햇빛이 눈부시고 오히려 따뜻해서 옷을 벗어야 되는 행복함에 젖어 기가 막힌 절경들을 감상했다.

우리 친구들이 복이 많은 사람들이라서 하늘이 도와 좋은 날씨를 주신 것이 아닌가 싶다. 12명 모두 아픈 사람 한 명도 없이 잘 준비해주고 시간 잘 지켜주고 잘 먹어주고 시종일관 웃음으로 여행을 마쳐주니 이보다 더 좋을 수는 없을 것 같다.

이보다 더 좋은 친구는 없다

1976년 2월 대구에서 처음 만난 우리는 36년 지기이다. 반올림하면 40년 지기! 어떤 친구와 잠을 자도 어떤 친구와 대화를 해도 막힐 담이 없는 것이 우리들이다. 그래도 내 생각에는 지극히 편안하게 행복한 여행을 하도록 배려하고 싶었다.

남양주 인근 학교에서 보건교사를 하는 남양주팀 - 김진희, 홍인숙
상수도학교(수도여고) 동창인 수도여고팀 - 김진선, 신정원
강원도 감자바위 여고 동창인 원주여고팀 - 김남희, 이영숙
독특하게 해군간호장교를 지원했던 해군팀 - 장해영, 양옥희
끝까지 대구를 사수하고 있는 경상도팀 - 황선애, 오명숙
그리고 지난여행 팀장과 이번여행 팀장을 맡은 - 범안나, 심순영

이렇게 절묘하게 호실을 정하고 우리의 여행은 순풍에 돛단 듯 평화롭게 진행되었다. 롯데관광을 이용한 것도 결국, 편안한 여행을 하는데 일조를 했다고 생각한다. 비수기이고 평일에 다니다 보니 사람도 적고 여행경비도 적게 들어 일석삼조가 되었다. 해영이가 중국에 5년 살다오고 현지에서 배운 중국어 실력이 탁월하여 중국여행에 정말 큰 도움이 되었다. 해영이를 중국 사람으로 생각할 정도로 막힘이 없었다. 중국은 우리나라에 비해 스케일이 크다 못해 비교자체를 할 수 없을 정도였지만, 우리나라는 양보다 질로 승부를 하고 섬세하고 지혜로운 민족이기에 크기는 작지만 강한 나라라고 믿는다. 우리를 4일간 안내한 가이드의 넘치지 않는 말과 행동, 꾸밈없는 순박함이 또한 좋았다. 시간을 적당히 안배하고 서두르지 않게 미리미리 준비해주면서 있는 듯 없는 듯 안내하니 편안했다.

끊임없이 우리 친구들이 이래서 좋고 저래서 좋다고 내게 속삭여주는 안나 덕에 처음부터 끝까지 마냥 좋은 감정으로 여행을 할 수 있는 윤활유가 되었음을 고백한다.

황산 썸머리

진희가 황산여행 일정의 흐름에 따라 사진과 함께 잘 적어주어서 나는 특별하게 느낀 것만 잊어버리면 너무 아까우니 몇 가지 기록으로 남겨두고 싶다.

1. 항주 서호

거대한 인공호수로 유람선을 타고 한 바퀴 도는데 물 위에 3개의 탑이 잠겨있고 달 뜰 때 그 탑에 비친 달빛의 실루엣이 5개 방향으로 아름다워 "십오야 밝은 둥근 달이 둥굴 둥굴 둥굴 떠오면"이라는 노랫말이 이 탑에서 유래되었다고 한다.

2. 황산

황산은 안휘성 동쪽에 위치한 중국에서 가장 이름난 아름다운 산으로 정부에서 잘 관리하여 바가지가 없고 여행객들에게 편리하도록 곳곳에 배려가 숨겨져 있는 여행지라고 생각한다. 골프호텔과 황산 정상에서의 백운호텔 모두 편리하고 좋았다. 비가 잦은 곳이라서 백운호텔 각 객실마다 옷장에 준비된 두벌의 점퍼와 2개의 우산에 나는 감동 받았다. 1, 800m 산 정상에서 이렇게 잘 먹어도 되나 싶을 정도로 정말 맛있는 음식 맛이었다.

3. 케이블카

8명이 정원인 케이블카를 타고 해발 1,400m까지 올라가는데 그 아찔함에 몸이 녹는 듯하다. 깎아지른 듯 솟은 바위에 쐐기를 박듯이 철탑을 세워 케이블카를 운행하는데 아무것도 안 보이는 구름 속으로 한없이 빨려 들어갈 때 다시는 돌아오지 못할 것 같은 불안함과 고소공포증이 휘감는다. 특히 인숙이, 생년월일이 가장 어려서인지 가장 힘들어했다.

4. 황산풍경구 절경

백아령, 비래석, 광명정, 북해운해, 연화봉, 천도봉, 시신봉 등 날씨가 너무 좋아 햇빛의 움직임에 따라 운해 위로 생기는 산그림자도 멋있고 기암괴석과 소나무 사이로 만난 원숭이 가족이 우리를 감동시켰다. 절벽 아래로 떨어지려는 어린 원숭이를 입으로 물어 들어 올리는 에미원숭이, 1860m 높은 산에서 만난 동물가족들은 우리에게 자연의 신비와 생명의 위대함을 보게 했다.

5. 송성가무쇼

항주가 송나라의 도읍이었다는 자긍심을 춤과 기예로 보여주는 4막으로 된 쇼! 3,500석의 좌석이 꽉 차고 장대한 스케일과 사람들이 인산인해를 이루는 가운데……. 공연도중에 여기저기서 휴대폰으로 사진을 찍어대고 공연관람 매너는 정말 별로였다. 게다가 우리들은 황산에서 그토록 아름다운 경치를 신선처럼 구경하고 내려와 피곤하기도 한 탓인지 사람들이 너무 많고 중국말이 시끄럽고 요란하여 집중하기도 힘들어서 오히려 잠이 솔솔 오기도 했다.

6. 동방문화원

AAA급 관광구로 조용한 숲속에 위치한 유교 불교 도교를 한꺼번에 볼 수 있는 곳 만불상이 순금으로 만들어져 있고 황산의 절경이 그림으로 그려져 끝도 없이 이어진다. 부처님도 계시고 공자님도 계신 곳, 부처님이 치유의 물을 뿌려주니 중국인들이 그 물을 받으려고 분수대를 빙빙 돌면서 따라간다. 중국의 문화를 조금 맛보았다고나 할까! 우리와 다른 문화를 느껴보고 이해하는 여행은 좋은 것이다. 더구나 좋은 친구들과의 여행은 더할 나위 없이 인생 최고의 선물이라고 생각한다.

문경여행

늦가을 비를 뚫고 문경여행을 갔다. 서울에서 인숙이 차로 홍렬, 명혜, 진희, 순영이가 인천 오이도에서 출발하고, 안나 차로 경분, 영숙이가 출발했고, 경북구미에서 마리아, 황선애가 같이 출발했다. 그리고 기차로 명숙이가 왔다. 명숙이와 명혜, 홍렬이는 졸업 후 처음 본다 하니 실로 35년 만에 만나는 것이다. 한솥밥의 위력은 참 질기고도 대단하여 그리 오랜만에 만나도 어색한 것이 전혀 없다.

귀농하여 잘 정착하고 있는 영숙이를 보는 것도 대단한 즐거움이었다. 비 내린 다음날 문경의 산자락(대미산)은 안개에 젖어 환상적인 풍경을 자아내고 주렁주렁 달린 잘 가꾸어진 영숙이네 사과농장은 풍요롭

기 그지없다. 맛깔스런 서울댁(영숙이)의 김치맛과 자연산송이로 끓인 미역국도 일품이고 명숙이가 만들어온 불고기와 안나의 새우장(게장과 비슷)도 싱싱하고 맛있었다.

문경새재의 단풍은 말이 필요 없이 아름다웠고 자연의 놀라운 변화를 마냥 즐기다가 경북친구들이 쏜 자연한정식(토담)으로 점심을 잘 얻어 먹고 부지런히 막히지 않게 올라왔다. 어디를 둘러보아도 아름다운 우리나라의 가을산천은 그 자체가 그냥 한 폭의 그림이다. 나의 말이 둔하고 언어에도 한계가 있어 더 이상 표현할 말이 없는 것이 안타깝다. 이보다 더 좋을 수 없는 동기들과의 편안한 여행을 위해 애써준 친구들에게 그냥 한마디로 말하고 싶다.

감사해 그리고 고마워. 사랑해.

30년만의 졸업여행
- 앙코르와트

졸업 30주년을 기념하여 설레는 마음으로 떠난 여행이다. 앙코르는 도시라는 뜻이고 와트는 사원이라는 뜻이다. 지금부터 1,000여 년 전에 100만 명이 살았던 곳으로 추정되는 거대한 사원으로 지어진 유적도시 앙코르와트 여행은 즐거웠다. 어디를 가나 열심히 공부하며 낱낱이 기록을 하는 친구들에게 여행일정을 자세히 올려줄 것을 부탁하며 나는 그저 간략히 기억나는 대로 일정과 느낌들을 몇 자 적어보려고 한다.

첫날 인천공항으로 모이는 시간은 14:30이었으나 그날 오전에 인천 모 부대에서 아들의 아이티 파병환송식에 참석하느라 나는 새벽부터 몹시 분주해야만 했다.

모든 일정을 예약하고 준비한 범안나(정순에서 안나로 개명)를 완전 믿고 묻지마 관광처럼 그저 따라나섰기에 부담은 없었다. 11명이 움직이다보니 첫 출발부터 조그만 사건들이 생겼다. 여권만료기간이 지나 새 여권을 만든 친구가 팩스로는 새 여권을 보내고 정작 공항에는 구 여권을 들고 나오는 해프닝이 생겨 새 여권을 공항까지 급히 가져다준 착한 남편의 도움으로 간신히 탑승권을 끊을 수 있었다. 같이 못 갔으면 어찌했을꼬? 이 친구 씨엠립공항에서 다시 그 웬수 같은 구 여권으로 입국 수속하려다가 결국 다시 불려 들어가는 일이 생겨 본인은 황당

했겠으나 우리는 자다가도 웃을 일로 기억하게 되었다.

첫째 날 거의 밤 10시경에 도착하여 현지 한국인가이드가 절묘하게 짜놓은 방배치표대로 나는 선애와 한방을 쓰게 되었다. 큰현숙-현숙마리아, 옥희-경분, 안나-홍인숙, 호선-진선-명숙! 알고 짠 듯해 보이는 방배치표가 아닌가 싶다.

둘째 날 아침 7시 반 출발하여 앙코르유적지 최초의 사원 관람. 다 부서진 동네놀이터 같은 느낌을 주는 롤레이사원에서 문명의 발원지라는 의미로 동서남북으로 흐르게 수로를 놓았던 흔적과 진흙을 이겨서 만든 전탑 형태의 사원을 보았다. 쁘레아또, 바콩사원, 앙코르의 보석이라는 반티아이스레이 등 이름은 생소하지만 50년 간격으로 조금씩 크기가 커지고 점점 완성미를 보이는 사원의 모습들을 보면서 크메르인들의 섬세함과 문명의 변화를 이해했다.

<명가>라는 한국식당에서 김치찌개로 식사를 하고 오후에는 한국식 흙가마 찜질과 마사지로 피로회복을 했다. 배를 타고 바다와 같은 호수를 지나 작은 섬에 내려 다 무너져 사원의 울타리만 남은 것도 보았다. 어디를 가나 관광지마다 "사모님 예뻐요. one dollar" 애절하게 쫓아다니면서 구걸하는 맨발의 캄보디아 아이들의 목소리가 아직도 귀에 들리는 듯하다. 우리는 얼마나 복이 많은 사람들인가……. 저녁에 평양식당에서 북한식 음식을 먹고 평양예술단의 공연을 관람하고 호텔로 돌아와 수영장에서 친구들과 정말 스스럼없이 아쿠아로빅을 하며 아이들처럼 천진하게 웃고 즐겼다는 것이…….

해방이후 우리 부모님세대가 아무것도 없는 땅에서 땀과 눈물로 씨를 뿌리고 허리가 휘도록 진력하며 살아온 삶의 열매들을 우리 11명의 친구들이 달게 받아 먹고 있다는 생각이 들었다.

셋째 날 툭툭이를 타고 드디어 앙코르와트를 보기 시작했다. 앙코르톰을 시작으로 바이욘사원, 코끼리테라스 거대한 나무뿌리에 잠식된 사원과 왕의 침소 등을 보고 삼겹살로 거하게 점심을 먹고 오후에는 이번 여행의 하이라이트 <앙코르와트>를 보았다 정글에서 발견된 사원 중 가장 보존이 잘 되어 있고 4변이 1km의 정사각형 형태로 사암을 쌓아 하루에 20,000명의 인부가 40년 동안 만들었다는 사원, 못으로 사암을 파서 크메르왕국의 역사와 생활상을 입체감 있게 그리고 살아 움직이는 것처럼 섬세하게 부조해놓은 것을 보고 크게 감탄했다. 춤을 추는 압살라, 9개의 머리를 가진 뱀, 코끼리상, 사자상, 통곡의 방, 왕의 어머니를 위한 보석방 등 너무 많은 유적들을 보아서인지 이름조차 생각이 나지 않는다.

천년고도 경주 신라의 유적과 비교하여 그 규모도 대단하지만 그 정교한 표현력에 놀라울 뿐이었다. 저녁에는 캄보디아수끼로 식사를 하고 숙소로 돌아와 다시 아쿠아로빅으로 간단히 피로를 풀고 11명의 친구들이 우리 방에 모여서 맥주와 과일을 먹으면서 이야기를 나누었다. 다들 이번 여행을 하면서 감사하고 뿌듯하다고 했고 홀가분한 (30주년 행사를 잘 마쳐 후배들이 부러워한다고 함) 마음도 있었다. 그리고 신혜경 장군에 대한 자랑스러움과 친구 한 명 한 명에 대한 고마운 마음들도 나누면서 이번 여행을 위해 3년 동안 경비를 모아주고 애쓴 경숙이에게 감사하다는 인사도 나왔다. 따뜻한 동기 사랑을 확인하는 밤이었다.

넷째 날에는 똔레삽호수를 갔다. 아시아 최대의 호수로 우리나라 경기도의 크기와 맞먹는 바다같이 넓은 호수인데 호수 위에 여러 형태의 집들과 교회 학교 철물점 잡화점 모든 것이 물 위에 떠 있다. 360도 수평선이 보이는데 이 호수가 우기 때가 되면 3배로 커져서 주변을 잠식한다고 하니 그 규모가 엄청나다 다일공동체에서 운영하는 밥집과 유치원이 보여서 반가웠다. 여행하는 동안 받은 발마사지, 전신지압 등도 기억에 남고 쇼핑샵에서 구입한 라텍스베게는 지금 잘 이용하고 있다. 패키지로 같이 여행한 사람들이 우리 동기들을 엄청 부러워했다는 말로 30년만의 여행기록을 마무리하면서 이렇게 마음이 통하고 말이 통하는 벗들이 내 곁에 있음에 마냥 행복하기만 하다.

모두에게 감사한다!

영주 부석사를 다녀와서

이번에는 오래전부터 꼭 가보리라 마음먹었던 곳을 다녀왔다. 영주 부석사를 꼭 가보고 싶었는데 봉화의 청량산도 좋다고 해서 내려간 김에 안동 하회마을과 단양 고수동굴, 제천 의림지까지 경북 북부의 내륙 지방을 한 바퀴 휘돌아 다녀 보았다.

중부고속도로 - 영동고속도로 - 중앙고속도로를 거쳐 5km에 이르는 충북과 경북의 경계선인 죽령터널을 지나 풍기IC에서 빠져 영주 도착 풍기, 순흥, 영주가 거의 같은 지역임을 알았고 풍기인삼, 풍기인견, 영주한우가 유명하며 순흥 안씨가 양반의 원조라는 것을 알았다. 선비들이 사당을 짓고 섬기는 유교의 태두가 안향이라는 분인데 그분이 순흥 안씨다. 소수서원, 선비촌을 들러 부석사에 도착했다.

우리나라에서 제일 오래된 목조건물 부석사 무량수전. 배우고 들어서 익히 알고는 있었지만 직접 보기는 처음이다. 부석사에 대한 좋은 글들이 많아서 중언부언하기도 그렇지만 말이 필요 없이 그냥 여러 방향에서 내려다보고 올려다보고 멀리에서도 바라보고 가까이에서도 바라보았다. 겹겹이 뿌연 안개에 싸여 훤히 내려다보이는 소백산맥의 흐름과 한껏 치켜 올라간 처마의 유연함이 너무 멋지고 아름답다. 절집 초입에서 올려다본 안양루의 다포 사이로 부처님이 보이는데 앞에 6분

뒤에 4분이 보인다. 마치 부석사의 비밀을 우리만 발견한 것처럼 보고 또 보아도 질리지 않아 옛 선조들의 기막힌 건축미에 쉽게 발길을 돌리지 못하였다. 영주 한우로 저녁을 먹고 영주시내로 들어와 리치호텔에서 여장을 풀었다. 우리 부부와 딸내미가 같이 갔기 때문에 조금 호사를 누려보았다. 아침에 호텔 앞에서 먹은 영주식 콩나물 해장국 맛이 기가 막히게 맛이 있어서 지금도 그 생각을 하니 침이 넘어간다.

봉화 청량산 도착. 낙동강 상류라서 물이 맑고 경치가 좋았다. 물에서 놀다가 청량사를 갔는데 산사음악회가 열리는 아름다운 절이다. 올해는 10월 2일에 산사음악회를 한다는데 꼭 가보시기를……. 절에서 바라다본 산세가 멋진 소나무와 함께 그야말로 절경이다. 공양간에서 대충 점심을 때우고 찻집에서 오미자차로 목을 축이다.

안동 도산서원을 보고 올해 세계문화유산에 등재된 안동 하회마을에 가서 동네 한 바퀴 돌고 단양으로 출발! 단양 장다리식당에서 향토음식으로 마늘이 주재료인 저녁을 먹고 늦은 밤 숙소를 못 구해 헤매다가 고수동굴 근처에 펜션을 얻어 짐을 풀고 더위에 지치고 무거운 몸을 뉘었다. 우리 세 식구 이불 펴고 누우니 천국이 따로 없네. 아이티에서 고생하는 아들놈한테는 좀 미안하지만…….

고수동굴 입장료 5,000원 내고 들어가면서 비싸다고 투덜댔는데, 다 보고 나오면서는 50,000도 아깝지 않을 정도로 볼 게 많았다. 고수동굴 속 기이한 모양을 딸내미가 좋아하니 덩달아 기분이 좋아졌다. 단양을 나와 제천 의림지로 갔다. 그렇게 멋있는 소나무는 처음 보았다. 280여 그루 나무마다 번호가 붙어있고 삼한시대에 지은 저수지라니 수령을 짐작하기 어려울 정도로 오래된 소나무다. 거북이 등같은 소나무 껍질이 육각형을 이루고 있다. 소나무에게 감사하며 만지고 안아보고 사진도

찍고 한껏 즐기다가 제천약초가 유명하다하여 약초밥상으로 점심을 먹고 서울로 출발!

여행은 어디를 가든 배울게 많고 항상 가슴에 선물을 하나 가득 안고 돌아오는 것 같아 참 행복하다는 것을 알게 되었다.

장가계 · 원가계를 가다

이번 중국여행은 3박4일 동안 (2/24~27) 장사–장가계-원가계를 다녀왔다. 여행자금을 모을 때는 많은 친구들이 참여했으나 개인의 사정으로 6명이 함께 했다. 큰김현숙, 현숙마리아, 범안나, 홍인숙, 심순영 그리고 팀장 신정원 등 6명이 우리 팀이고 영덕에서 온 2명의 모자팀, 제천에서 온 3명의 모녀팀이 함께 하여 11명의 일행과 2명의 가이드 모두 13명이 3박4일 동안 마치 한두 사람이 움직이듯이 시간 잘 지키고 잘 웃고 잘 먹으며 좋은 시간을 보냈다.

87년생 연길에서 출생한 조선족 가이드(홍문천)가 어찌나 재치가 있고 귀여운지 가이드앓이를 하게 했다. 어려운 질문을 해놓고 잘 모르겠다고 하면, 뜸을 들이다가 "궁금해요? 궁금하면 500원" 빵터지게 한다. 그런 유머도 때와 장소에 따라 적절하게 적당하게 웃겨주니 금방 친해지고 사랑스럽기까지 하더라……. 장사공항에서 장가계까지 버스로 4시간을 이동하여 장가계에서 2박하고 다시 장사로 가서 1박을 하는 여정. 한국인들이 효도관광으로 왜 그렇게 많이 장가계를 찾을까? 장가계-원가계를 돌아보니 그 이유를 알 것 같다. 해발 1,518m의 높은 산 정상까지 케이블카를 타고 아찔하리만큼 앞도 안 보이는 안개 속으로 한없이 올라간다. 정상에 내려 크게 오르내리지 않고 아바타에서 본 그 황홀한 경치를 둘러보도록 코스가 연결되니 어르신들도 충분히 다녀올 수 있는 여행코스인 것이다. 안개가 걷히면서 서서히 드러나는 천자산 원가계에서의 비경은 말로 표현하기 어려울 정도로 아름답다. 보봉호수에서 배를 타고 둘러본 풍경도 꿈인지 생시인지 어디를 보아도 한 폭의 동양화를 보는 듯하다. 대협곡에서 내려와 중간쯤에서 기저귀 같은 천을 엉덩이에 매고 타는 대리석썰매도 엄청 재미있다.

황룡동굴의 스케일에 한 번 놀라고 인간이 만든 전기불빛으로 아름다운 루미나리에를 이룬 기이한 석순과 종유석에 두 번 놀라고 동굴에서 배를 타고 나올 때 인디애나존스의 주인공 같은 기분이 들어 세 번 놀라게 된다.

EBS에서 방영한 <극한직업> 잔도공들이 만든 천문산의 귀곡잔도를 걸으면 정말 오금이 저려 발걸음 떼기가 힘들다. 절벽 허리에 밧줄에 매달려 바위에 구멍을 내고 얼기설기 기초를 놓은 다음 콘크리트를 쳐서 선반처럼 길을 만들어놓았다. 많은 사람들의 목숨을 잃게 하면서까지 이 험준한 깎아지른 절벽에 길을 놓아야 했을까? 안타까운 의문이 들지만, 그 길에 유리까지 깔아 유리잔도의 길을 걸어보면 그냥 허공에 내 몸이 떠 있는 듯 울렁증과 아찔함이 오싹하게 한다. 1500m 산꼭대기에서 보이는 것은 안개뿐 인데 케이블카도 아니고 리프트를 타고 내려오자니 정말 오금이 저리고 울렁거려서 인숙이와 계속 찬송가를 불렀다는 것 아니겠냐…….

“주 하나님 지으신 모든 세계 내 마음속에 그리어 볼 때…….” 리프트에서 내려서 케이블카를 타고 마지막에는 326m높이의 엘리베이터를 타고 내려오도록 되어 있다. 안나와 둘이 놀란 가슴을 귓속말로 주고받았다.

"중국은 절대 얕볼 수 없는 나라다. 정말 대단하다 대단해!"

중국인들은 "사람이 태어나 장가계에 가보지 않았다면 100세가 되어도 어찌 늙었다고 할 수가 있겠는가?"라고 말한다던데 장가계의 아름다움과 신비스러움을 접하고 나니 그 말은 맞는 말인 것 같다.

영덕에서온 2명의 모자팀- 아들이 뮤지컬을 한다고 해서 마지막 돌아오는 버스에서 돌아가며 노래 부르기를 했다. 명성황후의 '하늘이시여'와 이승철의 '그런 사람 또 없습니다'를 부르는데 감동되어 가슴에 전기가 오는 듯 찌리릿 했다. 안나가 조용필의 '친구여'를 부르는데 이상하게 나는 친구라는 단어에 눈물이 났다. 40년 지기 이런 친구들이 내 곁에 있고 함께 여행할 수 있음이 얼마나 감사하고 고마운지……. 마리아는 사춘기적 남자친구와 닮은 가이드에게 바친다고 '떠나가는 배'를 불러 우리를 감동시켰다. 나는 너무 행복해서 한대수의 '행복의 나라로'를 불렀다. 마지막으로 '석별의 정'으로 마무리를 했다.

누구와 함께 여행하느냐가 좋은 여행의 관건이라면 이번 여행은 정말 좋은 여행이었다고 감히 말하고 싶다. 처음부터 끝까지 조용하게 철저하게 준비하고 말없이 애써준 정원이에게 좋은 여행의 모든 공을 돌리고 싶다.

고마워 정원아……. 그리고 사랑해…….

심순영 수필집

심구멍 숨구멍

초판인쇄일 2020년 9월 14일

초판발행일 2020년 9월 20일

지은이 : 심순영

발행인 : 김순진

편집장 : 전하라

디자인 : 김초롱

펴낸곳 : 도서출판 문학공원

등 록 : 2004년 3월 9일 제6-706호

주 소 : 우편번호 03382 서울 은평구 통일로 633
녹번오피스텔 501호 스토리문학사

전 화 : 02-2234-1666

팩 스 : 02-2236-1666

홈페이지 : http://cafe.daum.net/yob51

이메일 : 4615562@hanmail.net

※ 책값은 뒤표지에 있습니다.

※ 저자와의 협의에 의해, 인지는 생략합니다.